HISTOIRE

DES

DUCS DE BOURGOGNE.

TOME ONZIÈME.

Marie de Bourgogne.

Sixième Livraison.

PARIS. — IMPRIMERIE DE FAIN, RUE RACINE, N° 4,
PLACE DE L'ODÉON.

HISTOIRE

DES

DUCS DE BOURGOGNE

DE LA MAISON DE VALOIS.

1364—1477.

PAR M. DE BARANTE,
PAIR DE FRANCE.

Scribitur ad narrandum non ad probandum.
QUINTILIEN.

QUATRIÈME ÉDITION.

Paris.
LADVOCAT, LIBRAIRE
De S. A. R. M. le Duc de Chartres,
Palais-Royal.

1826.

HISTOIRE
DES
DUCS DE BOURGOGNE.

MARIE DE BOURGOGNE.

1477 — 1482.

LIVRE TROISIÈME.

Naissance de l'archiduc Philippe. — Conjuration des Pazzi et affaires d'Italie. — Négociations. — Rupture de la trêve. — Conquête de la Comté. — Bataille de Guinegate. — Le roi et le duc Maximilien songent à faire la paix.

Pendant que la trêve se négociait, madame la duchesse Marie accoucha d'un fils, le 22 juin 1478. Ce fut un grand sujet de joie dans toute la Flandre, et de pompeuses réjouissances furent célébrées à Bruges, où elle était alors. Madame Marguerite, duchesse douairière, fut choisie pour marraine; le parrain fut M. Adolphe de Clèves sire de Ravenstein; et l'enfant fut nommé Philippe en mémoire du bon duc Philippe, dont la mémoire était si grande dans tous les pays de la domination de Bourgogne. Le Duc, tout proche qu'il était, ne quitta point son armée pour le baptême; mais dès que la trêve fut conclue, il revint auprès de madame Marie, et les relevailles furent solennisées par les plus belles fêtes.

Pendant ce temps-là le roi revenait en France. Il passa près de Paris, sans toutefois entrer dans la ville. On disait qu'il y régnait quelque maladie contagieuse; d'ailleurs il était de plus en plus porté d'un mauvais vouloir envers les Parisiens. La liberté de leurs propos lui déplaisait; il se trouvait plus libre [1] de gouverner ses affaires à son gré, et de mener le train de vie qui lui convenait, quand il était loin d'une si grande ville.

Cette année même il avait eu encore sujet d'être mécontent des habitans de Paris. Vers le mois d'avril un cordelier [2], nommé frère An-

[1] Amelgard.
[2] De Troy.

toine Fradin, natif de Villefranche en Beaujolais, était venu y prêcher. C'était un homme de grande éloquence et de ferme courage. Il parlait avec vigueur contre tous les vices du temps, et le désordre des mœurs ; aucune condition n'était ménagée, et il avait plus de hardiesse contre les grands que contre les petits. Le peuple se portait en foule à ses sermons. Beaucoup de femmes changèrent leur vie mondaine, et plusieurs même s'allèrent jeter en des couvens. Quelques hommes aussi se réformaient et renonçaient aux voluptés. Frère Antoine ne se bornait pas à parler des péchés commis par les particuliers ; il blâmait tout aussi hautement les abus publics, la mauvaise justice, le gouvernement du roi, la conduite des princes et seigneurs ; il disait que le roi avait de mauvais serviteurs, qui perdraient lui et son royaume. Plus il prêchait ainsi, plus grande était l'affluence.

Dès que le roi apprit nouvelle de tout cela, il envoya au plus vite maître Olivier son barbier pour y mettre ordre. Défense fut faite à frère Antoine de continuer ses prédications. Mais la foule ne cessait de se porter au couvent des

Cordeliers. On le conjurait de prêcher encore, lui disant qu'on saurait bien le défendre et le protéger contre toute offense; les femmes arrivaient avec des couteaux cachés sous leur robe ou des pierres en leurs poches pour faire un mauvais parti à quiconque voudrait lui nuire et l'empêcher de parler. Alors on publia, à son de trompe, dans toutes les places publiques, les anciennes ordonnances qui défendaient aux gens de Paris de s'assembler sans la permission du roi, ou de sa justice. On ajoutait qu'en contravention à ces ordonnances, plusieurs personnes s'étaient assemblées de jour et de nuit aux Cordeliers sous prétexte de défendre frère Antoine qui n'en avait nul besoin, puisque aucun mauvais traitement ne lui avait été fait, et qu'on l'avait seulement interrogé de la part du roi. En conséquence, il était défendu, sous peine de confiscation de corps et de bien, de s'assembler aux Cordeliers, et les maris étaient chargés d'empêcher leurs femmes de s'y rendre. Mais le peuple était si passionné pour les sermons de frère Antoine qu'on tournait en dérision ces publications; on les traitait de folies, disant que le roi n'en savait rien.

Alors Jean Le Boulanger, premier président, et Denis Hesselin, maître d'hôtel du roi, se transportèrent au couvent, déclarèrent à frère Fradin qu'il était pour toujours banni du royaume, et lui ordonnèrent de partir sur-le-champ. Quand il sortit, le peuple se pressa autour de lui, montrant un extrême chagrin et beaucoup de mécontentement. On le reconduisit loin hors les portes de la ville. On fit à ce sujet les vers suivans, qui se répétaient dans les rues :

> Un puissant noble Boulanger,
> Un Hesselin et un barbier
> Ont mis hors le bon cordelier.

Le roi, laissant donc Paris de côté, s'en revint à son château du Plessis, où il se gardait avec une méfiance toujours plus grande ; si bien que, pour y avoir un séjour plus tranquille et plus sûr, pour que personne n'y entrât sans son ordre, il avait établi le Dauphin au château d'Amboise, sans prendre grand souci de son éducation, et avait envoyé la reine habiter en Dauphiné [1].

Tout semblait, en effet, porter son esprit

[1] Seyssel.

à devenir triste et craintif. Chaque année le rendait plus crédule au mal, plus incrédule à toute fidélité, à toute affection. Dernièrement, quelque temps avant de quitter son armée de Flandre, il avait eu encore la révélation d'un complot contre sa vie.

Pendant que le sire du Bouchage était à Bourges, où le roi l'avait envoyé pour punir et apaiser une nouvelle révolte, un inconnu était venu le trouver, lui disant qu'il avait à lui apprendre de grands secrets touchant le salut du roi [1]. Cet homme était un apothicaire de Clermont en Auvergne; il s'en allait, disait-il, en Italie pour y revoir un ancien maître qu'il avait autrefois servi. Les gens du prince d'Orange l'avaient arrêté à Nantua et conduit à ce seigneur, qui, le voyant pauvre aventurier et cherchant fortune, lui avait offert un moyen de gagner beaucoup d'argent. Après plusieurs pourparlers, le prince, prenant confiance en lui, l'avait chargé d'empoisonner le roi, et lui en avait fait faire serment sur

---

[1] Mathieu. — Legrand. — Histoire de Bourgogne.

le crucifix; puis il lui avait remis une fiole d'étain. « Le roi, lui avait-il dit, va tous les » jours à la messe, et il a coutume de baiser » dévotement la terre près le coin de l'autel. » Il faudra tremper le bout d'un cierge dans » cette liqueur, car y mettre la main serait » mortel, puis en frotter les endroits où le » roi doit poser les lèvres. »

Après cette instruction donnée, le prince d'Orange avait cru qu'il serait mieux servi dans son complot par un autre homme qu'on lui avait indiqué; et pour que le secret ne fût pas trahi, il avait enfermé l'apothicaire; ses serviteurs avaient même voulu le noyer. Étant parvenu à s'échapper, il venait en toute hâte révéler les criminels desseins du prince d'Orange.

Le sire du Bouchage fit dresser procès verbal fort en règle de tous les dires de cet homme, et envoya au roi ce commencement de procédure. Le roi l'adressa tout aussitôt au Parlement par la lettre suivante, où il s'exprimait d'une façon railleuse et populaire sur le prince d'Orange.

« De par le roi : nos amés et féaux, le prince » de Trente-Deniers nous a voulu faire empoi-

» sonner; mais Dieu, Notre-Dame et monsieur
» Saint-Martin nous en ont préservé et gardé,
» comme vous verrez par le double des infor-
» mations que nous vous envoyons, afin que
» vous le fassiez lire la salle ouverte devant
» tout le monde, et que chacun connaisse la
» grande trahison et mauvaiseté dudit prince.
» Donné à Cambrai, le 6 juin. »

Il ne fut donné aucune autre suite à cette affaire, et on ajouta peu de foi au récit de cet homme, que le roi avait pris ou semblé prendre si fort à cœur. Quoi qu'il en pût être, jamais le roi n'avait cru devoir tant de reconnaissance à Dieu, à Notre-Dame et aux saints, ou avoir tant besoin de leur protection. Ses dons aux églises devenaient chaque jour plus riches. A son retour de Flandre, outre les magnificences qu'il ordonnait à Notre-Dame de la Victoire et à Notre-Dame de Cléri, il fit couvrir en lames d'argent la châsse de saint Fiacre; il fit faire un treillage d'argent à saint Martin de Tours, et une châsse d'argent pour sainte Marthe à Tarascon. On manquait d'argent pour fondre tous ces ornemens, et le roi ne voulait souffrir aucun délai. Des commissaires furent chargés de saisir toute la vaisselle à Paris et dans les bonnes villes[1], en promettant de la bien payer; mais la plupart ne s'y fiaient pas et cachaient leur argenterie; si bien que, même aux festins de noces, on ne voyait plus que des aiguières et des gobelets en verre.

On vivait alors dans un temps de cruauté et de trahison : il venait d'éclater en Italie une nouvelle et sanglante conspiration. Les Médicis, ces fameux banquiers de Florence[2], étaient depuis près de cent ans devenus de plus en plus puissans dans leur pays; c'étaient eux qui conduisaient le gouvernement de la république. En ce moment surtout Laurent et Julien de Médicis, par leurs richesses, leur pouvoir, leur crédit sur le peuple, semblaient régner plutôt comme des princes que comme des magistrats. Il y avait à Florence une autre famille plus noble et presque aussi riche, qu'on nommait les Pazzi, et leur jalousie contre les Médicis était encore augmentée par l'éloignement où ils étaient tenus des emplois et des affaires.

[1] De Troy.
[2] Machiavel. — Legrand. — Molinet. — Comines.

L'Italie était divisée en deux partis : d'un côté, les Florentins, les Vénitiens et le duc de Milan ; de l'autre, le pape et le roi de Naples. Ainsi tous les mécontens de Florence trouvaient asile et encouragement à Rome. Ce fut sous les yeux du pape que les Pazzi conjurèrent la perte des Médicis. François Salviati, que le pape avait nommé archevêque de Pise, et que la seigneurie de Florence n'avait pas voulu mettre en possession de son siége, était non moins ardent que les Pazzi dans son désir de vengeance.

Ils passèrent long-temps à tout disposer pour l'accomplissement de leurs projets. Ils attendaient une occasion de mettre à mort, à la fois et au même moment, Laurent et Julien ; car les Médicis avaient une telle faveur parmi les Florentins, que si l'on n'eût fait périr que l'un des deux, l'autre aurait facilement vengé sa mort et conservé la puissance.

Enfin, le 24 avril 1478, un dimanche, les deux Médicis assistaient à une messe solennelle avec le cardinal Riario, neveu du pape ; plusieurs des conjurés les avaient accompagnés jusqu'à l'église, en leur rendant mille hommages, lorsque tout à coup, au signal convenu de l'élévation de l'hostie, les assassins se jetèrent sur Laurent et Julien. Celui-ci fut tué sur le coup ; Laurent fut frappé d'une main moins assurée. Ses amis accoururent et l'entourèrent. Il parvint à se réfugier dans la sacristie, et comme tout le peuple était pour lui, le premier moment une fois manqué, il fut sauvé.

Pendant ce temps, l'archevêque de Pise, quelques-uns de ses parens et d'autres conspirateurs s'étaient rendus au palais de la Seigneurie, où siégeaient les seigneurs ou gouverneurs de la république. Mais, étant monté trop précipitamment, l'archevêque se trouva en avant de sa suite, et des portes fermées l'en séparèrent. Alors les seigneurs et les serviteurs qu'ils avaient avec eux, se voyant assez forts pour se défendre, tombèrent sur l'archevêque et sur le peu de gens qui l'avaient suivi, les mirent à mort ou les jetèrent par les fenêtres. L'archevêque, deux Salviati, et un nommé Jacques, fils du célèbre Poggio, furent aussitôt pendus au balcon.

Le complot ayant ainsi échoué aux deux endroits en même temps, Jacques Pazzi, et quelques-uns des siens, échappés à grand'peine de l'église, tentèrent de soulever le peuple, et coururent à cheval par les rues, criant : *liberta, liberta! popolo, popolo!* Mais personne ne répondait : le peuple était corrompu par les libéralités des Médicis, et la liberté n'était plus connue à Florence [1]. Tout le monde s'empressa de montrer à Laurent l'affection qu'on avait pour lui. Les conjurés étaient poursuivis partout, massacrés et traînés par la ville, lorsqu'on pouvait les atteindre. A grand'peine avait-on pu sauver le cardinal neveu du pape, qui était venu favoriser de sa présence cette criminelle entreprise. Les jours suivans, beaucoup de membres de la famille Pazzi, et d'ennemis des Médicis, périrent dans les supplices. Jean-Baptiste de Montesecco, général au service du pape, qui était venu prendre part au complot, eut la tête tranchée.

Cependant, les troupes du pape s'étaient avancées jusqu'aux frontières de Toscane, pour attendre l'issue de la conspiration, et entrer au besoin pour aider les conjurés. Dès que le

[1] Machiavel.

pape et le roi de Naples surent qu'ils avaient échoué, ils résolurent de faire une guerre ouverte à la Seigneurie de Florence. Les Florentins recoururent à leurs alliés, et envoyèrent demander des secours aux Vénitiens et au duc de Milan. Antonio Vespuccio fut aussi chargé de se rendre auprès du roi de France pour solliciter son appui, en lui exposant toute la conduite du pape et ses desseins contre Florence.

Le roi n'avait nulle envie de se mêler des affaires d'Italie, et n'y voulait rien conquérir. Se trouvant assez d'embarras pour maintenir son royaume en bon ordre, et pour s'assurer une part dans la succession de Bourgogne, son penchant n'était point de se jeter en de nouveaux périls. Toutefois les Florentins avaient de tout temps été fidèles alliés du royaume. D'ailleurs, une telle entreprise de la part du pape, l'aide qu'il avait portée à un si criminel complot, étaient fort à considérer. Aussi le roi se montra-t-il très-ému de ces nouvelles.

Le sire de Comines était pour lors dans l'armée de monsieur d'Amboise avec les gentilshommes pensionnés qu'on nommait les Vingt-Écus. Le roi, se méfiant de lui pour toutes les affaires de Flandre, ne l'y mêlait en rien, et prenait soin de l'en tenir éloigné. Sur les autres points, il ne manquait pas de confiance en lui. Dès qu'il sut la conjuration de Florence, il envoya ses lettres et ses instructions au sire de Comines avec l'ordre de se rendre en Italie, pour presser madame Bonne de Savoie, sa belle-sœur, duchesse de Milan, qui gouvernait au nom de son fils encore enfant, de se conformer au traité d'alliance qu'elle avait avec les Florentins, et de leur donner secours. Le sire de Comines devait faire les mêmes instances auprès des Vénitiens, et assurer la Seigneurie de Florence de toute l'amitié du roi.

Il se hâta aussi d'écrire à l'empereur, au duc de Bavière et à d'autres princes ou états, pour leur remontrer de quelle conséquence pouvait être une telle conduite du souverain pontife.

Mais ce qui fit le mieux voir combien le roi avait pris à cœur cette affaire, ce fut l'ordonnance qu'il rendit le 16 août, à Selomme, près Blois, lorsqu'il revenait de Flandre en Touraine. Il y disait :

« Quand nous avons su la guerre naguère suscitée en Italie à cause de la machination et entreprise faite contre nos très-chers amis et confédérés de la communauté et Seigneurie de Florence, par un qu'on appelle le comte Hiéronyme [1], homme naguère inconnu, de basse et petite condition, nous avons envoyé devers notre saint père pour le supplier et requérir qu'il lui plût s'employer à la pacification desdites guerres; et lui avons fait remontrer la très-injuste surprise que ledit comte Hiéronyme et ses adhérens ont voulu faire. » Puis suivait un récit rempli d'indignation de l'attentat des Pazzi contre les Médicis. « Nous avions espérance, continuait le roi, que notre saint père, comme bon père et pasteur du peuple chrétien, se voudrait employer à ladite paix, sans se montrer partial ni d'un côté ni d'autre; nous avions confiance qu'il voudrait bien faire quelque chose pour nous, qui avons toujours eu le saint siége apostolique en singulière révérence et dévotion; nous lui avions donc fait remontrer l'ancienne amitié, confédération et alliance que nous

---

[1] Jérôme Riario, neveu du pape.

avons pour la communauté et Seigneurie de Florence, qui a toujours été affectionnée à la maison de France, et tenant si bien les rois pour ses protecteurs, qu'à chaque fois qu'elle renouvelle les gouverneurs de sa Seigneurie, ils font serment d'être bons et loyaux à la maison de France. Nonobstant les choses susdites et sans considération de la nécessité où est à présent le peuple chrétien, notredit saint père s'est montré et déclaré partial contre la Seigneurie de Florence, et semblablement contre le duc et seigneurie de Venise, qui sont aussi nos amis et alliés. Notre saint père n'a pas voulu avoir égard à ce que le Turc fait continuelle guerre aux parties prochaines de l'Italie. Car on ne peut mieux fortifier le Turc et les infidèles, ni mieux leur donner moyen d'avoir entrée et passage en Italie, que de courir sus et grever ceux qui soutiennent la guerre contre eux. Lesquelles choses sont si étranges à considérer, que l'église universelle et tout prince vertueux et catholique doit en avoir déplaisirs. En outre, avons été avertis que notredit saint père a dit qu'en cette guerre, il emploiera sa personne, ses biens, et tout ce qu'il pourra se procurer. Étrange chose que le trésor et le revenu de l'église, qui sont ordonnés pour le service de Dieu, la défense de la foi catholique, et la sustentation des pauvres, s'emploient à de telles guerres, contre le peuple chrétien, pour soutenir de telles conspirations, de tels meurtres et de si exécrables délits!

» Semblablement c'est chose bien étrange qu'on souffre les exactions indues qui se font en cour de Rome, par bulles expectatives et autres moyens, par les vacances des bénéfices qu'on lève contre les saints canons et décrets de l'église, contre la détermination des saints conciles; tout cela pour employer l'argent qu'on en titre à acheter des comtés et de grandes seigneuries afin de les bailler à gens de petite condition, et les élever sans mérites précédens, et sans qu'ils puissent aider en rien l'église et la défense de la foi. Ces exactions étant faites contre les saints canons, nous, notre royaume de France et notre pays de Dauphiné, souffrons un grand dommage de la grande quantité d'argent qui se tire malgré les libertés de l'église de France, par lesdites vacances, et de la dépense qui se fait à obtenir les dites bulles expectatives, lesquelles sont maintenant si communes, que par leur grande quantité et leur désordre, la plupart des bénéfices de notre royaume sont en procès, pour la conduite desquels se dépense et se vide une merveilleuse quantité d'argent; et l'on ne sait à qui les bénéfices appartiennent. Par quoi le service divin, la discipline du peuple et l'administration des sacremens sont souvent délaissés. »

Ces motifs portaient le roi à prohiber et à défendre à tous gens ecclésiastiques ou séculiers d'être assez osés ou hardis pour aller ou envoyer hors du royaume et en cour de Rome, quérir ou pourchasser bénéfices ou bulles expectatives, ni de porter ou faire porter par lettres de change ou bulletins, de quelque manière que ce fût, or ou argent monnayé ou à monnayer. Cette défense était sous les peines les plus sévères de confiscation de corps et de biens.

Déjà l'ordre avait été donné que tous ceux qui avaient eu quelque part à la conjuration contre les Médicis, et spécialement le comte Jérôme Riario, ne reçussent aucun aide dans le royaume, et en fussent à l'instant bannis.

Le roi continua à s'occuper vivement de cette affaire. C'était l'occasion de reprendre la pragmatique et de réveiller les libertés de l'église de France, qu'il tenait toujours comme en réserve pour les momens où il n'était pas content du pape. Il chargea quelques doctes ecclésiastiques de faire un extrait des griefs de l'église de son royaume, et bientôt après il ordonna qu'une assemblée du clergé se réunît à Orléans. Elle fut tenue dans le mois de septembre, et son premier soin fut d'envoyer des députés au roi afin de connaître ses intentions.

Il leur parla avec une sagesse qui les charma [1], montrant un respect et une dévotion extrêmes pour le pape et le Saint-Siége; du reste leur recommandant et leur répétant tout ce qu'il avait déjà déduit dans le préambule de son ordonnance.

L'assemblée d'Orléans fut d'opinion que, pour aviser à la défense de la foi catholique,

---

[1] Pièces de Comines.

pacifier les princes chrétiens, résister aux infidèles, donner bonne règle à toute l'église, et pourvoir aux abus qui s'y commettaient, on devait requérir le saint père de convoquer un concile de l'église universelle; car, selon la doctrine de l'église de France, les conciles généraux représentaient l'église universelle; ils tenaient leur pouvoir de Dieu, le pape leur était soumis, et devait, s'il avait péché, subir leur jugement. Ainsi, l'on pouvait appeler de son autorité au prochain concile, et Michel de Ville-Chartre fut invité comme procureur du roi et du clergé de France à déclarer l'appel.

En outre, pour empêcher l'argent de sortir du royaume, l'assemblée fut d'avis qu'il fallait, quant aux bénéfices, revenir aux anciens droits et canons des conciles, notamment du concile de Constance.

Si le pape refusait au roi d'assembler le concile, il convenait, dit-on, de tenir à Lyon une nouvelle assemblée de l'église de France qui communiquerait avec les églises d'Allemagne et d'Italie; et le roi, pour procurer une plus grande autorité et une meilleure conduite des affaires, devrait envoyer des gens notables à cette assemblée.

On espérait que l'annonce de cette seconde et plus grande réunion du clergé ferait condescendre le pape à la convocation du concile.

L'assemblée d'Orléans termina en nommant des députés qui devaient désigner au roi quels ambassadeurs il convenait d'envoyer au saint père, faire les instructions de ses ambassadeurs, recevoir les requêtes et doléances, nommément celles des universités, pour en régler l'objet dans le concile ou à Lyon; enfin tout disposer pour les délibérations à venir.

La venue du sire de Comines en Italie, les trois cents lances qu'il avait conduites de Milan à Florence, la conduite du roi et de l'église de France, commencèrent à donner de graves inquiétudes à la cour de Rome. Le pape avait d'abord lancé des excommunications contre les Florentins, les traitant d'hérétiques et de rebelles, leur reprochant d'avoir mis ignominieusement à mort un archevêque et détenu en prison un cardinal. Mais, peu après, son plus habile conseiller, le cardinal de Pavie [1], lui représenta qu'il était dangereux d'offenser un si grand et si puissant roi, quand surtout il avait des alliés en Italie. Toutefois, il ne fallait point, disait-il, se laisser épouvanter par ses menaces, ni renoncer à rien de ce qu'on avait entrepris, car ce serait d'un pernicieux exemple. Ainsi donc, il s'agissait de gagner du temps, de bien accueillir les ambassadeurs du roi, de ne se point presser de leur répondre, et, néanmoins, de leur témoigner quelque surprise qu'un prince si sage et si chrétien se fût laissé surprendre par les impostures des ennemis du Saint-Siége. On devait ajouter que le saint père était disposé à pardonner aux Florentins; mais, qu'au lieu de montrer repentir, ils s'endurcissaient dans le mal, et n'écoutaient pas même ceux de leurs alliés qui conseillaient d'adoucir le pape; que du reste, pour complaire à un si grand roi, le saint père délibèrerait volontiers avec les cardinaux lorsqu'ils seraient réunis à Rome.

Telle fut en effet la conduite du pape : il ne donna au roi aucune réponse décisive, se bor-

[1] Pièces de Legrand.

nant à de vagues assurances. Pendant ce temps là, l'armée du roi de Naples et du pape, commandée par le duc d'Urbain, était entrée en Toscane, et les Florentins, inférieurs en force, avaient grand'peine à se défendre. Gênes, à la suggestion du pape, se soulevait contre le duc de Milan, et les Suisses lui déclarèrent la guerre.

Ce n'était pas seulement à force ouverte que la cour de Rome suivait l'accomplissement de ses projets, elle négociait aussi et cherchait à mettre de son parti les princes de la chrétienté. Le pape se plaignait à l'empereur de ce que le roi de France préférait aux intérêts de Dieu et de son église l'amitié d'un marchand florentin ; de ce que, pour plaire à ces rebelles, il prétendait assembler un concile dans son royaume, entreprise qui serait à la honte et au mépris du Saint-Siége et même de l'Empire, puisqu'il n'appartient pas aux princes de convoquer des conciles. En conséquence, le pape priait l'empereur de s'employer auprès du roi pour le ramener dans une meilleure voie.

En même temps, le pape se gardait bien d'irriter le roi de France par un langage trop hautain; il ne lui montrait au contraire que déférence et tendresse. Urbain de Fiesque évêque de Fréjus lui fut envoyé pour l'assurer que le Saint-Siége s'en remettait à lui de ses intérêts, comptant bien qu'il n'exigerait rien de contraire à l'honneur du souverain pontife. Le pape ne refusait pas absolument d'assembler un concile; mais il voulait, disait-il, que les rois eussent aussi à s'y présenter pour rendre compte des entreprises qu'ils faisaient journellement sur les droits de l'église.

Enfin, au mois de décembre, une grande et solennelle ambassade partit de France pour se rendre en Italie et à Rome [1]. Elle avait pour chef Gui d'Arpajon vicomte de Lautrec. Elle s'arrêta d'abord à Milan, et fut reçue en audience par la duchesse. Antoine de Morlhon, second président au parlement de Toulouse, porta la parole. Il annonça que le roi désirait et espérait rétablir la paix en Italie, afin que la chrétienté pût être mieux défendue contre les pressantes attaques du Turc; que, d'après les assurances du pape et

[1] Pièces de Comines.

des Florentins, il avait lieu de croire qu'on le prendrait pour arbitre ; que quant à Gênes, il en était souverain : le duc de Milan tenait de lui cette seigneurie ; ainsi il saurait bien maintenir ses droits ; du reste il n'avait pas une moindre affection pour son neveu le duc de Milan, que pour le Dauphin son fils.

Dans leur réponse, les conseillers de la duchesse de Milan ne montrèrent pas si bonne espérance. « Tandis que le pape, disaient-ils, envoie au roi des ambassadeurs pour l'assurer de son désir de la paix, il excite les Suisses contre nous ; il abuse de la crédulité de ce peuple simple et grossier, leur donne une bannière bénie [2], leur promet le paradis s'ils nous font la guerre, leur dit que les villes et communes de Milan ne demandent qu'à s'affranchir de notre joug et à vivre sans seigneur comme les ligues suisses. Pendant ce temps-là, nous et nos alliés sommes excommuniés. En telle sorte que le ciel serait ouvert seulement pour ceux qui font des saints mystères

---

[1] L'année commença le 11 avril.

[2] Legrand. — Muller. — Mallet.

un signal de meurtre et un moyen de crime, ou pour ceux qui entament des guerres injustes ; tandis qu'il serait fermé à nous qui défendons la chrétienté contre le Turc déjà parvenu dans le Frioul. Ce sont ces prétendus ambassadeurs de paix qui eux-mêmes ou du moins par leur famille poussent les peuples à la rébellion ; car Urbain de Fiesque évêque de Fréjus pourrait-il dire avec assurance que les Fiesque ne sont pas du parti de la sédition à Gênes? »

L'ambassade de France passa de Milan à Florence ; où elle reçut tous les témoignages de reconnaissance que la Seigneurie prodigua en l'honneur du roi protecteur et sauveur de la république. « Anges du roi, dit le chan-
» celier, que les anges de Dieu vous accom-
» pagnent dans votre voyage. »

Arrivés à Rome, les ambassadeurs de France avaient ordre de s'entendre avec Julien de la Rovère, cardinal de Saint-Pierre-ès-Liens, que le roi avait vu à Lyon deux ans auparavant et qu'il croyait avoir mis dans ses intérêts, bien qu'auparavant il l'eût fait mettre en prison. Pour le mieux gagner, il venait encore de lui donner l'évêché de Mende, et l'évêché d'Agen à Galéas de la Rovère, autre neveu du pape. Le cardinal de Saint-Pierre commença par dire aux ambassadeurs qu'on avait fabriqué de fausses instructions du roi, et qu'on les avait montrées au pape, qui les tenant pour véritables en était fort irrité. Par ce moyen il se fit tout d'abord montrer les instructions de l'ambassade.

Le président de Morlhon commença, lorsque le pape admit les ambassadeurs, par demander une audience publique qui lui fut accordée, et alors il s'expliqua doctement et avec éloquence en plein consistoire. Après avoir parlé des dangers de la chrétienté et des progrès du Turc, du désir qu'avait le roi de pacifier les divisions de l'Italie, de son zèle pour la religion, de sa tendresse pour le Saint-Siége et en particulier pour le pape Sixte IV, il entra dans le détail de ce que les rois de France avaient fait de tout temps pour la défense de l'église. Le roi n'avait pas une moindre volonté d'accomplir ce devoir, et il espérait s'en acquitter d'autant plus facilement que toutes les parties semblaient l'accepter pour arbitre ; ainsi du moins l'avait proposé l'évêque de Fréjus. « Et

» certes, ce serait chose bien surprenante que
» Jésus-Christ étant descendu du ciel pour
» apporter la paix, son vicaire devînt le flam-
» beau de la guerre, et qu'entraîné par la pas-
» sion et par les mauvais conseillers, il causât
» la ruine de l'Italie et de toute la chrétienté ! »
Il finit en conjurant les cardinaux de venir à
son aide pour désarmer la colère du souverain
pontife.

Les ambassadeurs n'obtinrent aucune réponse du pape ce jour-là. Deux semaines après, ils demandèrent une nouvelle audience. Cette fois ils lui représentèrent combien le roi s'était émerveillé en apprenant que le roi de Naples, allié du pape, venait de conclure une alliance avec le Turc; qu'à peine pouvait-on croire une telle chose, et que c'était motif suffisant pour tout prince catholique, et surtout pour le pape, de rompre tout lien avec le roi de Naples. L'honneur du souverain pontife y était intéressé, et il se couvrait d'une honte éternelle aux yeux des hommes et de Dieu, si, au lieu de punir le roi Ferdinand, il maintenait alliance avec lui.

Le pape répliqua que le roi de Naples avait

il est vrai, reçu des ambassadeurs du Turc, mais qu'il n'était point assuré qu'aucun traité eût été conclu. Du reste, il ne pouvait s'imaginer comment un prince aussi chrétien que le roi de France pouvait être l'ami de gens qui pendaient les archevêques revêtus de leurs habits pontificaux et commettaient mille autres crimes contre l'église. Toutefois il consentait à écouter des propositions de paix si elles étaient raisonnables.

Le pape était à la fois si absolu et si habile que les ambassadeurs ne trouvaient nul appui dans les cardinaux. Beaucoup d'entre eux blâmaient le saint père et gémissaient de son obstination, mais tout bas. Aucun n'osait lui parler. Ils s'étudiaient même à l'excuser, et à trouver des torts aux Florentins. Ainsi la négociation n'avançait pas. Le pape avait même pleinement désavoué l'évêque de Fréjus, et l'avait banni de sa présence, comme ayant excédé ses pouvoirs en proposant l'arbitrage du roi de France.

Les ambassadeurs disaient vainement qu'il n'y avait rien de contraire à la suprématie spirituelle du souverain pontife, dans le choix d'un arbitre : choix libre, qui ne constituait pas le roi juge du pape, mais en quelque sorte son délégué, puisque les points soumis à son arbitrage pouvaient être désignés d'avance. Au reste, sans s'arrêter à cette difficulté, ils proposaient de la part des Florentins toute espèce de satisfaction au sujet de l'archevêque de Pise et des autres ecclésiastiques mis à mort, en demandant d'autre part que le pape et ses alliés jurassent bonne, solide et loyale paix avec les Florentins et leurs alliés.

Le pape ne se tint point satisfait de ces propositions. Alors les ambassadeurs lui signifièrent que le roi était résolu à soutenir ses alliés d'Italie, et à assembler un concile où se rendrait l'église de France et celle de tous les pays qui étaient en paix avec le royaume.

L'empereur et le duc Maximilien avaient aussi envoyé des ambassades à Rome. Le pape résolut de se prévaloir de leur bonne volonté pour ne pas donner satisfaction au roi. Il convoqua un consistoire. Là, en présence des ambassadeurs de France, l'archevêque de Strigonie parla d'abord au nom de l'empereur: « Son maître, disait-il, avait appris que quelques-uns attaquaient l'honneur du Saint-Siége, blâmaient la conduite du souverain pontife, et formaient des desseins contre lui. L'empereur au contraire était résolu à s'y opposer et à prendre la défense du saint Père. Il ne trouvait rien à reprendre dans tout ce que ce pontife avait fait, et quelque pitié qu'il eût des Florentins, il ne pouvait implorer pour eux que la clémence et non la justice. Quant au concile, il ne le croyait pas nécessaire, et pensait qu'il serait contraire à l'autorité du siége apostolique. »

L'ambassadeur du duc Maximilien fut ensuite admis à parler. Comme, dans les titres de son maître, il le nommait duc de Bourgogne, le président Morlhon l'interrompit aussitôt, lui dit que son maître n'était duc de Bourgogne ni de droit ni de fait, et que ce titre ne pouvait appartenir qu'au roi de France. Il protesta encore des intentions toutes pacifiques et chrétiennes qui dictaient les démarches du roi, et termina en disant que la proposition d'un concile n'aurait de suite qu'au cas où le pape, prêtant toujours l'oreille à de mauvais conseils, maintiendrait la discorde dans la chrétienté. Alors le roi réunirait en effet un concile, et lors même que le clergé des états de l'empereur et du duc Maximilien n'y viendrait pas, il serait encore assez nombreux.

Le pape, pour ne pas se montrer opposé à la paix, fit présenter un mémoire pour débattre les conditions qu'on lui offrait, et pour en proposer de plus dures et de plus honteuses aux Florentins. Cependant la guerre continuait, la Toscane était ravagée, les moissons avaient été brûlées; les terres restaient sans culture. Aux plaintes que l'on en faisait le pape répondait que c'était le seul moyen de réduire les Florentins et de les amener à la paix.

Les ambassadeurs entendant un langage si hautain, commencèrent aussi à menacer, à parler plus fortement du concile, et même d'une soustraction d'obéissance. « Quand on n'ira plus à Rome, et qu'on n'y enverra plus d'argent, nous verrons, disaient-ils, comment se fera la guerre. »

Le pape ne s'en émut pas davantage. Les conditions qu'il présentait étaient excessives. Il voulait que les Florentins rapportassent les revenus des bénéfices dont ils avaient disposé ; que les juges séculiers ne connussent jamais des matières bénéficiales, non plus que des procès pour mariages. En outre, il exigeait toute espèce de rétractations et de réparations. Il demandait la liberté de Gênes, bien que le roi de France s'en prétendît souverain ; il exigeait une amnistie et la rentrée des bannis dans le duché de Milan.

L'ambassade de France était composée de gens fermes et habiles ; ils avaient à servir un maître dans ses volontés aussi absolu que le pape. Ils déclarèrent que si dans huit jours le souverain pontife ne posait pas les armes, et ne levait pas l'excommunication, ils retourneraient en France. « Le terme est court, ré-
» pondit le pape ; on donne quinze jours à
» un condamné avant de l'exécuter. »

Il fallut encore de nouvelles menaces pour obtenir la suspension d'armes et la levée des censures. Mais on était encore loin de la paix : car, de leur côté, les Florentins et leurs alliés ne voulaient en aucune façon consentir aux conditions qui leur étaient proposées.

Comme pour braver encore mieux le roi, le

pape, malgré toutes les remontrances des ambassadeurs, reçut en public consistoire les députés de Gênes. Ils parlèrent au nom de Jean-Baptiste de Campo-Fregoso, par la grâce de Dieu, doge de Gênes; le président Morlhon voulut les interrompre, le pape lui imposa silence; et lorsqu'ensuite il lui permit de protester, la seule réponse du pape fut qu'il avait admis les Génois seulement à déclarer leur obéisance spirituelle.

Plus de quatre mois s'étaient écoulés sans pouvoir obtenir rien de la cour de Rome. La présence des ambassadeurs de l'empereur et du duc Maximilien, contribuait à maintenir le pape dans son obstination. Lorsque les ambassadeurs du roi d'Angleterre furent arrivés, ils eurent en tout le même langage et firent les mêmes démarches que les ambassadeurs de France; car leur maître, le roi Édouard, avait vu cette affaire entièrement par les yeux du roi. Alors le pape se vit à peu près contraint à céder. Il se débattit encore quelque temps. La fermeté menaçante des Vénitiens, appuyée par les ambassadeurs de France et d'Angleterre, conduisit enfin la négociation à son terme. Le 31 mai, cinq mois après le moment où elle avait été commencée, un grand et nombreux consistoire fut assemblé. Le pape y tenta un dernier effort pour éviter l'arbitrage, et demanda que l'on procédât dès à présent à examiner les propositions. Pour lors l'ambassadeur de Venise déclara qu'il avait ordre, sous peine de la vie, de se retirer, et les ambassadeurs de France et d'Angleterre ajoutèrent que leurs pouvoirs étaient expirés. Le pape ne pouvant plus reculer, annonça, le 2 juin 1478, qu'il s'en remettait à l'arbitrage des rois de France et d'Angleterre.

Cette négociation dura près d'une année. Quelque importante qu'elle fût pour le roi, elle ne le détourna point de ses autres affaires. Le désir qu'il avait de ne laisser aucun allié au duc Maximilien, et de pouvoir, sans être troublé par aucun des princes de la chrétienté, se saisir d'une grande portion des seigneuries de Bourgogne, déterminait toutes ses volontés. Pour obtenir ce qu'il poursuivait maintenant, il était prêt à abandonner ce qui auparavant lui avait coûté beaucoup de soins, d'argent et la vie d'un grand nombre de ses sujets. C'est ce qu'on put remarquer au sujet du Roussillon et de la Cerdagne. Pendant beaucoup d'années, le roi n'avait rien épargné pour acquérir et conserver ces provinces. Il parut alors prêt à s'en dessaisir sans regret.

Déjà, depuis plusieurs mois, il travaillait à se réconcilier pleinement avec Philippe de Savoie, comte de Bresse, qui se tenait en crainte et fort à l'écart. Au mois de septembre 1478, il ratifia définitivement un traité que le sire de Chandée, gouverneur de Bresse, et Jacques de Bussi, envoyés par Monsieur Philippe, avaient depuis plusieurs mois négocié avec lui [1]. Le comte de Bresse promit fidélité au roi, jura de ne rien entreprendre contre sa personne, contre la reine, le Dauphin ou le royaume, et, au contraire, de l'avertir de tout ce qui viendrait à sa connaissance et pourrait lui être contraire. Il s'engagea aussi à servir le roi envers et contre tous, nommément contre le duc Maximilien, sans autre réserve que la maison de

---

[1] Preuves de l'histoire de Savoie.

Savoie. De son côté, le roi lui donna six mille livres comptant, une pension de douze mille, et lui promit une terre de douze mille livres de revenu dans le royaume, avec le titre de comte.

Dans le même temps, pour mieux s'assurer la maison de Savoie, il maria Anne, sa nièce, fille d'Yolande de France, duchesse de Savoie, avec Frédéric, prince de Tarente, second fils du roi de Naples, celui qui était venu dans les armées du duc Charles. Ce fut en faveur de ce mariage qu'il promit de se dessaisir des comtés de Roussillon et de Cerdagne, sous la condition que le roi d'Aragon consentirait aussi à abandonner les droits qu'il pouvait y prétendre, au bénéfice du prince de Tarente son neveu.

En ce moment les trêves duraient encore entre le roi et le roi don Juan d'Aragon, de même qu'avec son fils don Ferdinand, roi de Castille par Isabelle sa femme. Le fils était bien plus porté que le père à traiter avec le roi de France. Il craignait toujours l'appui que pourrait recevoir de lui le roi de Portugal. Jeanne la Bertrandeja conservait encore quelques partisans en Castille; de sorte que la paix semblait à don Ferdinand bien plus avantageuse que la guerre. Il avait, pour l'obtenir, donné ses pouvoirs et confié ses intérêts au cardinal Mendoça, qui était un pensionnaire du roi de France et tenait de lui l'abbaye de Fécamp.

Au contraire, il n'y avait personne d'aussi éloigné de s'entendre avec le roi, que le vieux don Juan d'Aragon. Il refusait de ratifier le don du comté de Roussillon, fait à son propre neveu le duc de Tarente. Il y allait de son honneur, disait-il, et il n'en pouvait sacrifier la moindre partie. Cette seigneurie lui appartenait; il voulait qu'elle lui fût restituée avec les fruits et jouissances, et ne renonçait pas aussi facilement que le roi de France à une province qu'il disputait depuis quinze ans au prix du sang de ses fidèles serviteurs. Il gourmandait son fils don Ferdinand de Castille d'avoir trop de faiblesse, de se laisser effrayer par quelques grands du parti portugais, et surtout de se fier en quelque chose au roi de France, avec qui l'on ne pouvait traiter sans être trompé; qu'on ne pouvait mettre à la raison que par la menace et la fermeté ; qui semait partout la corruption, et qui même en ce moment comptait le cardinal Mendoça parmi ses serviteurs.

Quelle que fût la fierté et la vaillance de ce vieux roi, ses conseils ne purent empêcher don Ferdinand de continuer ses négociations avec le roi de France. Elles se terminèrent le 9 octobre 1478, par un traité de paix qui fut signé à Saint-Jean-de-Luz par le sire de Lescun, comte de Comminge, l'évêque de Lombez et plusieurs autres ambassadeurs. Ce traité rappela les anciennes alliances de la France et de la Castille. Le roi promit de n'assister directement ni indirectement le roi de Portugal, et don Ferdinand renonça à toute alliance avec Maximilien d'Autriche. Le roi manda cette heureuse nouvelle aux habitans des bonnes villes, ordonnant des actions de grâces et de grandes réjouissances.

Trois mois après mourut, à l'âge de quatre-vingt-deux ans, le roi Don Juan d'Aragon, qui, jusqu'à son dernier jour, s'était montré plein d'honneur et de témérité. Il était si pauvre, qu'après sa mort il fallut vendre sa vaisselle pour payer ses funérailles et acquitter les gages de ses domestiques. Ferdinand, roi de Castille par mariage, devint roi d'Aragon par héritage; ainsi le roi de France se trouva en paix avec toute l'Espagne.

Pendant tout ce temps il n'avait garde d'oublier tout ce qu'il fallait pour entretenir l'amitié du roi d'Angleterre [1] : c'était surtout de l'argent à dépenser. A ce moyen, il disposait à peu près à sa volonté du roi Édouard et de ses conseillers. Après l'avoir amené à prendre patience touchant les plaintes de la douairière de Bourgogne, il envoya à l'évêque d'Elne son ambassadeur en Angleterre, auquel il accordait pour le moment grande confiance, un plein-pouvoir pour prolonger jusqu'à la mort des deux rois, et cent ans par-delà, la trêve de Pecquigni : toujours au prix de 50,000 écus par an. Cette condition eût peut-être suffi au roi Édouard, mais sa femme voulait aussi assurer le mariage de mademoiselle Élisabeth sa fille avec le Dauphin de France. Sir Richard Tunstall et le docteur Langton furent envoyés

---

[1] Legrand. — Pièces de Comines.

pour demander que les fiançailles fussent célébrées, et qu'il fût en même temps promis que si mademoiselle Élisabeth venait à décéder, le Dauphin épouserait sa sœur Marie. On désirait de plus que le douaire de 60,000 francs déjà stipulé fût dès à présent payé ; car, disait-on, mademoiselle Élisabeth, ayant douze ans, est en âge de se marier ; ainsi le retard ne provient pas de son fait.

Le roi envoya sans délai le sire de Genlis et d'autres ambassadeurs assurer le roi d'Angleterre qu'il ne désirait rien plus au monde que ce mariage, qu'il voulait célébrer les fiançailles au plus tôt, et qu'il acquiesçait de toute son âme à la proposition de remplacer, en cas de décès, la première fille du roi d'Angleterre par la seconde.

Quant au douaire, le roi n'avait rien voulu résoudre sans son conseil, qui tout entier avait délibéré que la chose n'était point conforme au droit, et que le douaire n'était acquis que par la consommation du mariage. En outre l'amiral de France, l'évêque d'Évreux, les sires du Lude et de Saint-Pierre, qui auparavant avaient été commis par le roi pour passer le contrat, affirmèrent que rien de pareil n'avait été promis ni par écrit ni verbalement.

Cela n'empêcha point la prolongation des trêves d'être signée le 15 février 1479, à Londres. Le roi Édouard y comprit parmi ses alliés le duc de Bourgogne. C'était à quoi le roi de France ne consentait pas, autant à cause du titre sous lequel on désignait le duc Maximilien, que parce qu'il n'avait nullement l'intention de lui accorder une trêve. Il ne ratifia donc pas le traité, s'en montrant du reste satisfait, sauf cette clause. Des ambassadeurs furent envoyés au roi afin d'obtenir sa ratification et pour tenter quelque voie d'accommodement avec l'empereur et le duc Maximilien; mais le roi n'y voulait point entendre. L'empereur lui ayant même envoyé un secret ambassadeur, il s'en alla du Plessis faire quelques chasses aux environs, afin de ne le point recevoir; il écrivait au chancelier : « J'ai reçu
» ce que vous m'avez écrit à l'égard de ce pa-
» triarche; tirez de lui le mot secret qu'il a à
» me dire de la part de l'empereur, et met-
» tez-y toutes les habiletés que vous saurez; car
» je ne parlerai point à lui et le renverrai bien-

» tôt. » Néanmoins, comme le roi ne voulait point offenser les Anglais et cherchait toujours à les flatter, même en ne les écoutant point, il continuait ainsi : « Nonobstant que
» ce ne soit pas la coutume que le chancelier
» de France rende visite à aucune personne, je
» vous prie que vous alliez visiter l'ambassadeur
» d'Angleterre. Envoyez aussi quérir tous les
» bons docteurs que vous aviez menés à Saint-
» Quentin pour le fait d'Angleterre, car nous
» en avons bien besoin. » Ces docteurs étaient nécessaires pour traiter les affaires de Rome dans lesquelles le roi réussit si bien à mettre le roi Édouard pleinement en commun avec lui.

Il semblait que ces diverses négociations avec presque tous les princes de la chrétienté auraient dû occuper le roi moins encore que celles qu'il devait commencer avec le duc Maximilien. En signant la trêve, il avait été réglé que des commissaires s'assembleraient à Cambrai pour travailler à une bonne et solide paix; mais le roi n'avait nulle envie d'en venir là. Selon sa coutume, ne voulant pas risquer une bataille, il avait cherché à se donner du temps pour épier quelque occasion meilleure. S'il avait rendu le Hainaut et Cambrai, ce n'était point, comme il le disait parfois [1], parce qu'il ne se trouvait ni force ni vertu pour garder des terres qui n'appartenaient pas à son royaume, et dont il n'était pas roi par son sacre et son onction ; c'était seulement pour ne point trop irriter l'empereur et surtout les princes de l'Empire. En effet son principal désir en ce moment était d'avoir la comté de Bourgogne qui était aussi-bien terre impériale que le Hainaut. De son côté, le duc Maximilien n'était pas fort porté à la paix, non qu'il eût de lui-même une forte volonté, mais ses nouveaux sujets tant nobles que gens des villes avaient une si grande haine contre les Français et contre le roi Louis qu'ils en espéraient vengeance et ne voulaient encore rien céder [2].

Le roi avait d'abord désigné pour commissaires Louis d'Amboise, évêque d'Albi, Jean de Moucheuil, évêque de Viviers, le comte de Comminges, Boffile de Judice, Raoul-Pichon,

---

[1] Comines.
[2] Amelgard.

conseiller au Parlement, et Jean Chambon maître des requêtes. C'était le 1ᵉʳ septembre qu'ils devaient se rencontrer à Cambrai avec les commissaires du Duc. Le roi commença par vouloir changer le lieu des pourparlers; il fit proposer Saint-Omer [1]. Comme son idée n'était nullement de faire la paix, il espérait que, durant les conférences, on pourrait pratiquer quelque secrète intelligence dans la ville, afin d'y entrer par surprise aussitôt après la rupture de la trêve. Cette proposition ne fut point agréée, mais le roi obtint que le lieu désigné serait Boulogne et non point Cambrai. Il changea aussi quelques commissaires; parmi ceux qu'il ajouta se trouvaient Jean de Saint-Romain, procureur général, et François Hallé, avocat du roi au Parlement. Le 9 septembre avant leur départ, ils protestèrent d'avance entre les mains du greffier [2] contre tout ce qu'ils pourraient accorder touchant le droit de confiscation, dont le roi et son Parlement devaient dans tous les cas demeurer seuls juges; c'était

[1] Legrand.
[2] Registres du Parlement.

préparer d'avance une nullité dans le traité, puisque tous les motifs allégués par le roi se réduisaient à ce droit de confiscation.

Il songeait si peu à traiter sincèrement, que le duc Sigismond d'Autriche lui ayant envoyé un de ses serviteurs pour le conjurer d'accepter sa médiation, de le recevoir même en otage des conditions avantageuses qu'il offrirait, le roi refusa d'entendre cet ambassadeur. Le duc Sigismond, soit à bonne intention, soit pour l'effrayer, lui faisait en même temps annoncer que la paix venait d'être faite entre le roi de Hongrie et l'empereur; de telle sorte que l'armée d'Autriche et même des auxiliaires hongrois pourraient intervenir dans la guerre de Flandre. Cet envoyé, ainsi repoussé du roi, alla, d'après l'ordre que lui en avait donné son maître, expliquer sa commission au duc de Bourbon et recourir à son appui. Le roi s'en irrita beaucoup, et il écrivit au duc Sigismond de ne plus lui envoyer dorénavant un ambassadeur qui cherchait ainsi à lier commerce avec les grands du royaume.

Dans de telles dispositions, il n'y avait rien à attendre des conférences de Boulogne;

tous les commissaires ne s'y rendirent même pas; plusieurs n'allèrent pas au delà de Saint-Quentin. Cependant ces pourparlers durèrent près de trois mois; on y débattit, sans qu'aucun renonçât à son opinion, les lois et usages sur les fiefs et pairies. Les Français, contre les exemples du passé, prétendaient que tout fief était exclusivement masculin et régi par cet article de la loi Salique, qui avait été, après la mort de Philippe le Long et de Charles le Bel, interprété contre le droit des femmes, au sujet de la couronne de France. Quant à la comté de Bourgogne, ils alléguaient qu'elle avait été jadis dans la mouvance du Duché, puis lui avait été incorporée. Leur réclamation touchant Lille, Douai et Orchies, avait plus d'apparence, puisque primitivement ces villes et châtellenies n'avaient été données au premier duc Philippe le Hardi que pour sa vie. On pouvait encore mieux soutenir que le comté de Boulogne avait été, contre tout bon droit, usurpé à la maison de la Tour.

Au vrai, les deux partis ne songeaient qu'à recommencer la guerre et s'y préparaient pendant la trêve, qui était mal observée, surtout par mer, où les Hollandais commettaient de continuelles violences contre les navires de France. Chacun ne manquait pas non plus de tenter de part et d'autre toutes sortes de trahisons, et de gagner, par argent ou promesses, les serviteurs de son adversaire. Un nommé Simon Courtois, que le roi avait nommé son procureur général en Artois, alléguant quelques affaires en Flandre, était allé offrir ses services à la duchesse Marie, en la priant de le conserver dans son office, si elle reprenait possession du pays. Le roi sut la conduite de maître Courtois; à son retour, il le fit saisir et conduire à Tours, où le prevôt lui fit confesser son méfait et couper la tête.

Par méfiance, plus encore que par économie, le roi se résolut, avant de recommencer la guerre, à faire une grande réforme dans son armée. Il cassa dix de ses compagnies d'ordonnance, entre autres celles du comte de Dammartin, des sires de Moui, de Craon, de Balzac, d'Étienne de Poysieu qu'il appelait le Poulailler, et de cinq autres capitaines, tous bien connus à la guerre, qui avaient eu sa confiance et l'avaient jusqu'alors bien servi. Toutefois il ne voulut point offenser le comte de Dammartin, et lui écrivit en ces termes :

« Monsieur le grand-maître, pour ce que je sais la peine et le service qu'avez toujours portés tant envers feu mon père qu'envers moi, j'ai avisé, pour vous soulager, de ne plus vous faire homme de guerre; nonobstant que je sache bien que je n'ai homme en mon royaume qui entende le fait de la guerre mieux que vous et en qui gisse plus ma confiance, s'il me venait quelque grande affaire. Aussi l'ai-je dit à Pierre Claret pour vous le dire. Touchant votre pension et état qu'avez de moi, je ne vous l'ôterai jamais, mais plutôt je l'accroîtrai; et si n'oublierai jamais les grands services que vous m'avez faits, quelqu'homme qui m'en veuille parler au contraire; et adieu. »

Le comte de Dammartin n'avait pour lors que soixante-huit ans, et se sentait encore la force et le courage de bien servir à la guerre. Il ne feignit point de se laisser prendre aux flatteries du roi, et lui répondit tout franchement.

« Sire, le plus humblement que faire je

puis, je me recommande à votre bonne grâce, et vous plaise savoir que par monsieur de Montfaucon, qui est passé par ici, j'ai déjà su que votre plaisir a été que je n'aie plus la charge de la compagnie qu'il vous avait plu me bailler à conduire. Sire, j'avais bien su auparavant qu'il était bruit que vous aviez volonté de le faire; mais je ne le pouvais croire, et me tenais aussi sûr de cet état que de rien que j'aie. Considérez que j'ai longuement servi; qu'il vous a plu me faire l'honneur de me donner votre ordre; que les miens ont aussi servi le feu roi votre père en ses grandes affaires et au temps où il en avait besoin pour les grands troubles qui étaient alors dans le royaume, dans lesquels ils ont fini leurs jours. C'est à savoir : feu mon père à la bataille d'Azincourt, mon frère Étienne à Crevant, mon dernier frère en Guyenne[1]. Et moi, sire, dès que j'ai pu monter à cheval, j'ai servi le roi votre père et vous, le mieux que j'ai pu ; si ce n'est aussi bien que j'en ai eu le vouloir, du moins, grâce à Dieu, vous n'y avez eu ni perte, ni dommage,

---

[1] A Castillon.

et je ne vous ai point fait de faute. Toutefois, sire, puisqu'en cela tout est à vous, que votre bon plaisir soit fait. C'est bien raison, sire, que je vous supplie, qu'il vous plaise que je demeure en votre bonne grâce, et que vous ayez égard à mon fait et aux services que moi et les miens vous avons rendus. Au moins que je puisse vivre sous vous selon l'office et état qu'il vous a plu me donner; et, sire, je suis toujours pour faire et accomplir vos bons plaisirs, en tout ce qu'il vous plaira me commander, à l'aide du benoît fils de Dieu, auquel je prie vous donner bonne vie et longue. »

Le comte de Dammartin, selon qu'il le souhaitait, demeura dans un grand état. Outre ses biens qui étaient considérables et la part qu'il avait eue dans les confiscations de Jacques Cœur et d'autres, son office de grand-maître lui valait dix mille livres par an; l'ordre du roi, quatre mille; sa compagnie, douze cents; les gouvernemens de Montivilliers, Harfleur et Château-Gaillard, deux mille; et de plus il avait huit mille livres assignées par an sur les revenus du pays de Briançon. Plus tard, il fut fait lieutenant général du roi pour Paris et l'Ile-de-France.

La disgrâce des autres capitaines ne fut pas adoucie comme la sienne. Le sire de Balzac fut mis en justice, et le roi avait de tels soupçons qu'il écrivit de sa propre main au chancelier, « Prenez garde que vous y fassiez bonne justice et que je n'aie nulle cause d'être malcontent, car c'est à vous de faire justice. » Toutefois on ne trouva nulle preuve, et il fallut bien relâcher le sire de Balzac. Le roi lui rendit même sa pension. Autant en advint au sire de Moui; il fut mis en prison, puis reconnu innocent. Le capitaine Oriole, gentilhomme du pays de Gascogne, fut plus durement traité; on prouva que, courroucé d'avoir perdu sa compagnie, il s'était emporté en discours injurieux et en menaces, qu'il avait même délibéré avec son lieutenant s'ils n'iraient point demander du service au duc Maximilien. Tous deux furent décapités à Tours, et leurs corps coupés en morceaux pour être exposés à Arras, à Béthune et autres villes de l'Artois.

Cette réforme des compagnies n'empêchait point le roi de faire, plus encore que l'année précédente, toutes sortes de préparatifs pour recommencer la guerre. Une part de l'argent qu'il employait à solder les compagnies d'ordonnance fut destinée à payer des Suisses, dont le service lui semblait aussi bon et plus sûr. Il continua aussi à faire fondre beaucoup de bombardes et couleuvrines; on les faisait alors si grandes qu'une bombarde qui pouvait porter une boule de fer pesant cinq cents livres, de la Bastille au pont de Charenton [1], fut essayée à Paris. Au second coup, elle tua par accident le maître fondeur, qui fut déchiré en morceaux par cette grosse boule de fer.

Toute cette artillerie, le paiement des troupes, l'argent envoyé en Angleterre, les sommes distribuées par le roi à ses capitaines et serviteurs, celles qui étaient employées à corrompre les conseillers des autres princes, faisaient croître sans mesure les impôts du royaume. Chaque année, c'étaient nouvelles taxes, nouvelles rigueurs. Il semblait qu'on ne craignît point de pousser les peuples dans le désespoir. Les gémissemens et les murmures

---

[1] De Troy.

augmentaient comme les taxes; il y avait même de temps en temps, dans quelques provinces, des collecteurs maltraités et parfois des espèces de sédition; mais les punitions étaient promptes et cruelles, sans jamais suivre les règles de la justice ordinaire.

On faisait aussi de grands apprêts en Flandre. Le duc Maximilien avait assemblé les États à Termonde[1]. Là, se montra pleinement toute l'aversion des Flamands pour le roi de France. Quelques gens des États voulurent remontrer que ce prince souhaitait peut-être la paix, qu'il avait cassé ses compagnies, retiré quelques garnisons, permis aux gens de Tournai de demeurer neutres; qu'ainsi on devait tenter la voie d'accommodement. Mais ils furent à peine écoutés; tous les autres, alléguant la perfidie et les continuelles trahisons du roi, maintenaient qu'il ne fallait écouter aucune proposition, tant que toutes les terres et seigneuries possédées par le feu duc Charles ne seraient pas rendues à sa fille. Il fut donc résolu de fournir de l'argent et des hommes, afin de poursuivre vaillamment la guerre.

[1] Amelgard.

Pour en payer les dépenses, il fallut aussi accroître les impôts en Flandre. On mit une gabelle sur la petite bière [1], et cette taxe produisit de grandes rumeurs à Gand. Les forgerons et les tisserands s'assemblèrent. Les gouverneurs et les doyens des métiers, avertis à temps, envoyèrent contre eux des gens armés. On se battit opiniâtrément, et il demeura quelques morts sur la place. Les mutins ainsi vaincus se retirèrent en une chapelle, où ils furent forcés. Les principaux d'entre eux furent mis en justice, avec les syndics des forgerons, des tapissiers et des tisserands. Ils confessèrent les plus criminels desseins. Ils voulaient, dit-on, piller les couvens et les églises, tuer les plus riches bourgeois et les magistrats, pour faire ensuite un gouvernement à leur gré. Huit ou dix furent décapités, soixante bannis, et d'autres mis en prison. La gabelle fut établie, et l'on continua à se préparer à la guerre contre les Français.

En attendant, la trêve était chaque jour plus mal observée. Elle ne devait finir qu'au mois

---

[1] Molinet.

de juillet, et dès le 26 avril elle fut ouvertement rompue par une entreprise qui fut tentée contre les Français, avec le consentement préalable du duc Maximilien. Le château de Selles, devant Cambrai, était tenu en dépôt [1] par Jean Dolé, au nom de messire Jacques de Luxembourg pour le roi, et par le sire de Foucquerolles au nom de M. de Fiennes pour la Flandre. Chacun d'eux n'avait qu'un petit nombre d'hommes. Le sire de Foucquerolles, après avoir tout concerté, rentra un soir dans le château, avec dix hommes d'armes qu'il amenait de Douai. Les Français ne se doutaient de rien. Ils furent saisis sans défense et jetés en un cachot souterrain.

Les bourgeois s'effrayèrent beaucoup de cette surprise, craignant qu'elle n'attirât sur leur ville toutes les vengeances du roi. Ils s'assemblèrent et députèrent l'abbé de Saint-Aubert avec trois d'entre eux au sire de Foucquerolles, pour lui exposer leurs inquiétudes. Il ne voulut les recevoir que sur le pont, hors du château, et leur répondit qu'il n'avait agi

---

[1] Molinet. — Almanach historique de Cambrai.

que d'après l'ordre du Duc et de M. de Fiennes. Ils demandèrent à aller trouver ce dernier, qui était un des conservateurs de la trêve. « Faites
» à votre volonté, répliqua-t-il, mais il est
» tard, et vous aurez garnison demain. » En effet, dès le lendemain les sires de Bossut et de Harchies entrèrent dans la ville, y établirent une troupe bourguignonne, répondirent aux plaintes des bourgeois que tout se faisait pour leur bien, et sans tarder beaucoup commencèrent à rançonner ceux qu'on taxait d'être favorables au roi. La garnison française du château fut ensuite librement renvoyée en France.

Après cette première violation, la guerre se fit ouvertement. Les sires de Bossut et de Harchies surprirent Crèvecœur, Oisi, Esne, Lesdoing, Homecourt. Messire Philippe de Ravenstein et Jean de Luxembourg vinrent les joindre. Bohain se défendit mieux. Les bourgeois avaient livré la ville; dix-huit Français qui formaient la seule garnison du château, refusèrent de se rendre. Sept furent tués; les onze autres furent pris et pendus. M. Jacques de Luxembourg s'était enfermé à Beaurevoir, mais il avait trop peu de monde et fut contraint de traiter. Ces conquêtes de l'armée des Bourguignons furent enfin arrêtées par Pierre de Rohan maréchal de Gié, et le sire d'Esquerdes, qui commandaient en Artois depuis le départ du comte de Dammartin. Ils assemblèrent environ huit cents lances et quelques milliers de francs-archers, marchèrent vers l'ennemi, qui se retira et perdit en peu de jours les châteaux qu'il avait si facilement gagnés.

Ce n'était pas de ce côté que le roi avait en ce moment dirigé ses desseins et son espoir. Se confiant à la sagesse et au savoir-faire de M. d'Amboise, c'était à lui qu'il avait envoyé le plus de secours. Son armée avait reçu beaucoup d'artillerie, de francs-archers et de nobles du ban et de l'arrière-ban; en outre, il avait attiré à lui nombre de Suisses. Tout était donc prêt pour essayer de conquérir la comté de Bourgogne. Toutefois le roi, afin de montrer plus de scrupule que son adversaire, envoya au duc Maximilien un héraut pour se plaindre de la violation des trêves, demandant réparation pour les dommages qui lui avaient été faits.

Sans tarder, le sire d'Amboise, dès le commencement de mai 1479, s'avança dans la Comté. Il s'empara d'abord des châteaux voisins de Dôle et se logea dans les villages des environs; mais avec grande précaution, afin de ne pas se laisser surprendre comme le sire de Craon. Ce fut lui, au contraire, qui se montra plus rusé que l'ennemi [1]. La garnison de Dôle était peu nombreuse, car les Suisses ne venaient plus secourir les Comtois. Le prince d'Orange, sans hommes et sans argent, ne tenait nulle des promesses qu'il avait faites quand il avait excité la province à se déclarer contre le roi. Mais les bourgeois et le peuple de la ville avaient bon courage, surtout les étudians de l'université de Dôle, qui montraient grande haine contre les Français. Un jour, M. d'Amboise envoya, jusque sous les murs de la ville, quelques hommes qui feignirent de vouloir surprendre les troupeaux de bœufs qu'on entretenait pour la provision, et qu'on faisait paître près du rempart; car le siége n'était pas encore commencé. Les écoliers sortirent à l'étourdie pour chasser ce pe-

[1] Gollut.

tit nombre de fourrageurs, et tombèrent dans une forte embuscade; le chemin de la ville leur fut coupé, la plupart périrent, furent assommés dans les villages, ou jetés dans la rivière du Doubs par les paysans.

Ensuite on s'empara de Rochefort, de Gendré, de tous les lieux forts d'où pouvaient venir des secours; et tout étant ainsi disposé prudemment, la ville fut environnée. Elle se défendit avec une ferme vaillance; plus d'un assaut fut repoussé; mais comme la garnison ne suffisait pas à la longue contre une si nombreuse armée, les chefs ne pouvant plus faire venir des gens de la Suisse, s'étaient mis en peine pour se procurer des Allemands d'Alsace et du pays de Ferette. Le duc Sigismond y avait consenti, et cette troupe s'était mise en marche pour entrer à Dôle. Contre toute attente, le sire de Chaumont ne tenta nul effort pour arrêter son passage.

Cela donna quelque méfiance; mais on avait si grand besoin de secours, qu'on ne sut point se résoudre à refuser l'entrée à ces Allemands. Seulement, pour se donner quelque assurance de leur fidélité, on fit dresser un autel sous la porte de la ville : un prêtre revêtu de ses ornemens portait le saint ostensoir ; en présence des magistrats, les chefs faisaient en passant serment sur le corps de Notre Seigneur de défendre bien et loyalement la ville ; leurs soldats suivaient en ordre et levaient leurs piques en approbation du serment ; les habitans de la ville donnaient à chacun un morceau de pain et un verre de vin, puis les faisaient asseoir à des tables qu'on avait dressées.

Ce fut au milieu de cet accueil tout confiant et cordial, que ces Allemands, gagnés par le sire de Chaumont, et qui avaient même reçu parmi eux beaucoup de francs-archers travestis, se mirent à crier : « Ville » gagnée, France, France. » Ainsi surpris les gens de Dôle se défendirent encore même sans espérance, car la porte était livrée et les Français arrivaient. Deux grand corps-de-garde eurent le temps de prendre les armes et se rangèrent en bataille sur la place ; beaucoup de vaillans bourgeois vinrent se ranger près d'eux. Alors commença un sanglant combat devant l'église Notre-Dame, où depuis fut érigée une croix pour consacrer le lieu où avaient péri tant de braves gens, combattant pour le salut et les libertés de leurs villes. Mais, « contre puissant faible ne peut », ainsi que le disaient des vers qu'on fit alors pour déplorer le malheur de Dôle. Tout fut saccagé : les habitans, vieillards, femmes, prêtres et enfans furent massacrés ou se dispersèrent dans les campagnes et les bois ; d'autres se réfugièrent aux églises et furent mis à rançon ; quelques-uns des principaux bourgeois, le sire de Thoisi et d'autres gentilshommes furent emmenés, pour être livrés au roi. Après le pillage, le feu fut mis à la ville, et l'on épargna la seule maison où le sire d'Amboise avait pris logement.

Cette ruine de la principale ville de la Comté entraîna sans retard la chute de toutes les autres. La crainte avait saisi les esprits ; d'ailleurs, il n'y avait nulle moyen de défense. Le prince d'Orange, qui avait commencé la guerre, n'avait aucune constance et ne savait remédier à rien. Son oncle, le sire de Château-Guyon, rendit tout des premiers la ville de Poligni et passa au service du roi. Salins,

Arbois, Vesoul, Luxeuil, Faucogney, Mont-Justin, eurent bientôt ouvert leurs portes.

Auxonne fit plus de résistance et obtint de bonnes conditions: c'était une ville du Duché; d'ailleurs, elle était assez forte pour soutenir un long siége. Tout était donc soumis en Bourgogne, hormis Besançon, ville libre et impériale, qui avait eu les ducs de Bourgogne, non pour seigneurs, mais pour gardiens et protecteurs. Les habitans se voyant pressés de tous côtés par les Français, se résolurent à traiter. Le sire d'Amboise les reçut aux mêmes conditions qu'ils avaient eues sous le feu Duc et sous son père [1]. Henri de Neufchatel, chanoine de la cathédrale et plusieurs députés de la ville se rendirent auprès du roi, pour soumettre ce traité à son approbation; il était pour lors à Nemours, et sur l'examen que le chancelier et M. du Lude firent d'après ses ordres des clauses de cette soumission, il la ratifia [2].

Il était alors en route pour aller visiter cette province de Bourgogne qui lui était enfin

---

[1] Tome VIII, page 32.
[2] Ordonnances, tome XVIII.

soumise; il passa d'abord à Notre-Dame de la Victoire s'acquitter de quelques dévotions, puis il passa par Vincennes, Provins, la Champagne et Langres, et fit son entrée à Dijon dans les derniers jours de juillet. Le 31 [1], il se rendit solennellement à Saint-Bénigne, et jura sur les saints évangiles de garder les franchises, libertés, immunités, droits et priviléges accordés par les ducs de Bourgogne aux maire, échevins et habitans de la ville de Dijon; déclarant que tous ses successeurs seraient tenus de faire le même serment dans la même église; il reçut en même temps le serment des habitans.

Le roi passa peu de jours à Dijon: Il régla quelques-unes des affaires du Duché; et, comme il n'avait plus pour le moment d'ennemis à combattre dans ces contrées, il résolut d'employer le sire d'Amboise et son armée à conquérir le duché de Luxembourg; déjà même en passant près de Paris, il avait donné ordre qu'on dirigeât l'artillerie de ce côté [2].

[1] Ordonnances.
[2] De Troy.

Tout en donnant ses soins aux choses de la guerre et au gouvernement de son royaume, le roi ne se refusait jamais le contentement de ses désirs, et son extrême dévotion ne le portait pas à devenir plus chaste. Durant son séjour à Dijon, il trouva à son gré la veuve d'un gentilhomme de ce pays, qui se nommait la dame de Chaumergis, et lorsque peu après il revint en France, il la renvoya querir par un des valets de sa maison, pour l'établir près de lui, à Tours. Néanmoins le goût qu'il avait pour les femmes n'était pas pour lui un grand objet de dépense. L'année précédente, se trouvant un jour à Arras, sans argent, il emprunta à Jacques Hamelin, un de ses serviteurs, la somme de trois cent vingt livres seize sous huit deniers, pour l'employer à ses plaisirs et voluptés, ainsi que cela a été trouvé écrit dans les comptes de ses dépenses [1].

Tandis qu'il était à Dijon, se réjouissant du bon état de ses affaires, il reçut de mauvaises nouvelles d'Artois qui demandaient toute son attention. Dès le moment où la guerre y avait recommencé, elle n'avait pas été heureuse pour

[1] Mathieu.

les Français. Leur première entreprise avait été contre la ville de Douai [1]. Elle avait une nombreuse garnison, commandée par le comte de Romont, le commandeur de Chantereyne, M. de Fiennes et le jeune Sallazar; elle faisait des courses sur tout le pays, et y répandait un grand effroi. La ville était bien approvisionnée, et depuis deux ans on ajoutait chaque jour quelque nouvel ouvrage pour la rendre plus forte. Les Français de la garnison d'Arras résolurent d'y entrer par surprise. Ils marchèrent toute la nuit, se cachèrent dans les blés aux environs des murailles, et attendirent que la porte fût ouverte. Quelques-uns s'étaient vêtus en paysans, et portaient du pain et des vivres; ils comptaient entrer comme gens venant au marché, puis se saisir de la porte et appeler les autres à leur aide. Par malheur, un bourgeois d'Arras, qui avait vu les apprêts et su le secret de cette entreprise, avait sur-le-champ envoyé à Douai une femme, bonne Bourguignonne comme lui, pour tout raconter à un de ses amis. Les magistrats et les capitaines de

---

[1] Molinet.

Douai, informés du complot, tinrent la porte fermée, firent avancer une couleuvrine, et tirèrent sur le lieu de l'embuscade. Les Français se voyant découverts, s'enfuirent à la hâte, laissant après eux les haches et outils de fer qu'ils apportaient pour briser les portes.

Ce fut en apprenant cette nouvelle, que le roi entra en si grande colère contre les gens d'Arras, qu'il les fit tous, sans miséricorde, chasser de leur ville, et qu'il voulut en faire une nouvelle, sous le nom de Franchise [1]. Rien ne fut plus triste et digne de miséricorde que tous ces pauvres habitans contraints à quitter, sans nul délai, leurs maisons paternelles, leurs meubles, leurs jardins, et s'en allant avec leurs femmes et leurs enfans, sans savoir où ils seraient conduits, et quel long voyage on leur ferait suivre. Personne ne fut épargné; Durant quelques jours il ne resta pas un prêtre pour dire la messe, et les dortoirs du beau couvent de Saint-Waast servaient de logis aux francs-archers.

Peu après cette déconvenue des Français, le

---

[1] Tome XI.

comte de Chimai, Guillaume de La Mark surnommé le Sanglier des Ardennes, le sire du Fay, le sire de Luxembourg et d'autres capitaines se portèrent avec plus de dix mille combattans devant la ville de Virton [1], où se tenait une garnison d'aventuriers Français, Espagnols ou Lorrains qui faisaient mille maux à tout le pays de Luxembourg. Après que les murailles eurent été battues par les bombardes et l'artillerie, les assiégés, qui n'avaient nul moyen de se défendre contre tant de gens, demandèrent à composer.

La réforme des compagnies d'ordonnance, et le soin que le roi avait mis, par préférence, à renforcer l'armée de M. d'Amboise, avait laissé le maréchal de Gié et M. d'Esquerdes hors d'état de rien tenter de considérable. Le duc Maximilien, encouragé par leur faiblesse, assembla sans nul empêchement, à Saint-Omer, une forte armée d'environ vingt-sept mille combattans. Elle se mit en marche le 25 juillet et arriva devant Thérouenne [1]. Le

---

[1] Molinet.

[2] Molinet. — Amelgard.

sire de Saint-André commandait la garnison qui n'était que de quatre cents lances et de quinze cents arbalétriers. Lorsque la ville fut entourée et qu'on eut commencé à battre les murailles avec l'artillerie, on apprit que les Français arrivaient en force du côté d'Hesdin. Sur cette nouvelle, le Duc tint conseil; quelques-uns disaient que, n'ayant pas plus de huit cent vingt-cinq lances, il serait impossible de soutenir le choc des Français. Toutefois le Duc était jeune et vaillant; il désirait la bataille; on résolut de ne pas déloger sur-le-champ, et de voir du moins ce que les Français voudraient tenter.

Sallazar, qui était un des plus hardis et des plus vaillans chefs de l'armée, fut envoyé en avant avec cent vingt chevaux. Il tomba sur la troupe avancée de l'ennemi, dans le village de Tenau, la mit en déroute, et ramena cinquante ou soixante prisonniers. On sut par eux que les Français étaient à Blangi, et avaient le dessein d'attaquer le Duc dans la journée. Il ne pouvait laisser son armée disposée comme elle l'était pour le siège, séparée en trois corps qui ne pouvaient pas facilement se porter secours. L'ordre fut donné de lever les tentes et d'emmener à Aire les grosses bombardes, en ne gardant que les couleuvrines volantes.

Ce mouvement sembla une fuite à la garnison de Thérouenne; du haut des murailles, elle criait maintes injures aux Flamands, les menaçant de l'armée de M. d'Esquerdes qui allait arriver de Blangi. Les Flamands s'offensèrent de ces insultes, et demandèrent à grande instance qu'on les menât contre les Français. M. de Fiennes était maréchal de l'armée; il marcha en avant avec les sires Josse de La Laing, Jean de Berghes et de Mingoval, pour assurer le passage de la rivière de Cresaques. Ils y trouvèrent un petit pont, en firent construire un plus grand avec les charpentes du siége; l'armée passa toute entière, joyeuse et montrant bonne espérance par ses cris et ses chansons.

Pendant ce temps-là les Français avaient quitté Blangi, s'étaient avancés par Lisbourg, et campaient sur la montagne d'Enquin. Leur armée était moindre que celle du Duc; mais on y comptait cependant dix-huit cents lances et quatorze mille archers. L'artillerie était nombreuse. On y voyait une belle et énorme couleuvrine, nouvellement fondue, qui se nommait la grande Bourbonnaise. Toute cette armée, au lever du soleil, descendait la montagne, qui resplendissait au loin, toute couverte d'armures, de lances et de canons. En avant se trouvait une autre colline nommée Esquinegate[1]. Le sire de Baudricourt la monta avec l'avant-garde, et arrivé au haut, il aperçut l'armée des Bourguignons; elle n'était pas encore en ordre de bataille. Le duc Maximilien ordonna à Sallazar de soutenir l'escarmouche contre l'avant-garde des Français, et pendant ce temps on se hâta de ranger les troupes.

Les milices de Flandre, avec leurs longues piques, furent mises sur une seule ligne, chaque troupe s'appuyant l'une à l'autre, et peu d'intervalle entre chacune, de sorte qu'elle semblait disposée en herse. En avant, étaient cinq cents archers anglais, soutenus par trois mille arquebusiers allemands. Le peu de gens d'armes

---

[1] Esquinegate ou Guinegate, comme on appela la bataille.

qu'on avait fut divisé en petites troupes de vingt-cinq environ pour escarmoucher sur les ailes, et se porter où besoin serait. Toute la noblesse de Flandre et de Hainaut, quelques gentilshommes bourguignons demeurés fidèles à la duchesse Marie, le comte de Nassau, le comte de Romont avec ses gens de Savoie, et une foule de vaillans capitaines s'empressaient avec zèle à bien servir leur jeune prince.

Toute cette armée était remplie de haine contre les Français, contre leur roi perfide et cruel, contre tous ses capitaines, gens de rapine, sans miséricorde pour les peuples, nourris dans les guerres, et ne connaissant d'autre Dieu que leur épée. Une autre cause d'indignation, c'était de les voir commandés par le sire d'Esquerdes, lui qui avait été enrichi et illustré par la maison de Bourgogne, honoré de la Toison-d'Or, intime conseiller du duc Charles, et qui avait trahi madame Marie sa fille, peu de jours après qu'elle avait reçu son serment et lui avait donné toute sa confiance.

Avant que le combat commençât, le duc

Maximilien conféra la chevalerie au sire Charles de Croy, et à quelques autres gentilshommes. Puis il parla ainsi : « Réjouis-
» sez-vous, mes enfans, voici enfin la jour-
» née que long-temps nous avons désirée.
» Nous avons à notre barbe les Français qui
» tant de fois ont couru sur nos champs,
» détruit nos biens, brûlé nos hôtels; il vous
» faut aujourd'hui travailler de tout votre
» corps, mettre toutes vos forces, vous ser-
» vir de tout votre sens. L'heure est venue,
» mes braves enfans, de bien besogner. Notre
» querelle est bonne et juste. Demandez à
» Dieu de vous aider, lui seul peut donner
» la victoire. Promettez-lui de jeûner trois
» vendredis de suite au pain et à l'eau en
» l'honneur de sa divine passion, et si nous
» avons sa grâce, la journée est à nous. » Tous ceux qui étaient autour de lui, et ceux qui plus loin voyant sa bonne mine et son noble regard s'imaginaient entendre ses paroles, lui répondirent qu'ils le feraient ainsi, et en levèrent la main. Chacun se rendit à son poste. Plusieurs chevaliers avaient désarmé leur bras droit, et s'en allaient à la bataille le bras

nu, pour montrer qu'ils ne craignaient pas les coups de l'ennemi.

Cependant les Français avançaient. M. d'Esquerdes avait dans son armée de vaillans et illustres chefs. Le sire de Saint-Pierre sénéchal de Normandie, pour lors un des grands amis du roi; le sire de Curton gouverneur de Limousin cousin du comte de Dammartin; le sire de Baudricourt; Le Moine Blosset; un nommé Jean le Beauvoisien ancien et célèbre homme de guerre; le sire de Torci grand-maître des arbalétriers; le sire de Joyeuse et d'autres. M. d'Esquerdes leur parla aussi et leur rappela la renommée qu'avait la noblesse de France dans toute l'Europe, les grands exploits qu'elle avait faits, les Anglais qu'elle avait vaincus, gens assurément bien plus redoutables que ces chiens de rebelles qui s'obstinaient à ne point se soumettre à leur roi et légitime seigneur.

L'armée des Français avait marché vers Esquinegate, laissant ses bagages entre les deux collines, et le combat fut entamé vers deux heures. Les archers anglais ayant, selon leur coutume, fait le signe de la croix et baisé la terre, crièrent: « Saint-George et Bourgogne, » et commencèrent à tirer. Leurs traits et l'artillerie faisaient ravage parmi les Français, mais M. d'Esquerdes, formant une troupe de six cents lances suivie des archers d'ordonnance, la fit passer sur la droite, le long d'un bois, pour envelopper l'armée ennemie. Les gens d'armes bourguignons arrivèrent aussitôt de ce côté pour défendre l'aile gauche qui allait être enveloppée. Ils soutinrent d'abord le choc vaillamment. Toutefois les Français étaient nombreux et bons hommes d'armes ; ils eurent bientôt le dessus ; ayant passé entre l'armée du Duc et sa cavalerie, celle-ci se trouva coupée, et prit la fuite en désordre : les uns vers la ville d'Aire, d'autres sur la route de Saint-Omer.

Quand les gens d'armes de France virent cette déroute, ils se lancèrent à la poursuite des fuyards. C'étaient pour la plupart des gentilshommes et des chevaliers richement armés et vêtus, dont il y avait bonne rançon à espérer. Le sire Michel de Condé, le sire de la Gruthuse, Olivier de Croy, d'autres encore furent faits prisonniers. Un chevalier allemand, nommé Wolfgang de Polhein, le plus grand ami et favori du duc Maximilien, fut pris aussi. Le sire Philippe de Traisignies, qui portait une robe de drap d'or par-dessus une brillante armure, fut poursuivi jusqu'à la porte d'Aire par des gens d'armes qui croyaient que c'était le duc d'Autriche.

Pendant que la meilleure part des lances françaises s'était ainsi dispersée à la poursuite des Bourguignons, les francs-archers continuaient leur attaque contre la forte ligne de gens de pied que commandaient le comte de Romont, le comte de Nassau et le duc Maximilien lui-même. Là fut le plus rude combat. Les archers anglais et les arquebusiers allemands firent un cruel ravage parmi les francs-archers, tirant si serré qu'à peine ceux-ci avaient-ils le temps de tendre leurs arcs. Lorsqu'on arrivait sur le corps de bataille, toutes les attaques venaient se briser contre les longues piques des milices de Flandre, et les bâtons ferrés qu'elles avaient plantés en avant.

N'ayant plus le secours des compagnies de gens d'armes, et se trouvant même sans chef principal, car M. d'Esquerdes tout le premier avait laissé la bataille pour donner la chasse aux gens d'armes bourguignons, les Français furent repoussés avec grand carnage. Les francs-archers d'ordonnance furent eux-mêmes rompus et mis en désordre.

Le duc Maximilien commençait à les poursuivre avec ce qui lui restait d'hommes de cheval, quand arriva la garnison de Thérouenne, commandée par le sire de Saint-André ; mais au lieu de venir à l'aide des compagnies de gens de pied, il se jeta, avec ce qui restait d'hommes d'armes, sur les bagages des Bourguignons. Il y trouva peu de résistance. Attirée par l'espoir d'un pillage riche et facile, une partie des francs-archers laissa l'attaque commencée et vint prendre part au butin. Il était immense : les milices de Flandre traînaient toujours des équipages pourvus de toutes sortes de provisions ; les riches gentilshommes avaient aussi des bagages chargés d'or, de vêtemens magnifiques, de vaisselle d'argent. Parmi tous ces chariots, se tenaient les malades, les prêtres, les femmes qui suivaient l'armée avec leurs petits enfans.

L'ardeur de la rapine et le désordre furent

si grands que presque toute cette foule sans défense fut égorgée : c'était une horrible pitié que d'entendre leurs cris, de les voir massacrer par les archers, ou fouler aux pieds des chevaux par les gens d'armes. Cette cruauté redoubla le courage des Flamands; ils restaient inébranlables derrière le rempart de leurs piques et de leurs pieux à pointe de fer.

Toutefois leur péril redoublait, et la journée allait être perdue pour le duc Maximilien ; les Français venaient de se saisir de son artillerie, et commençaient à la tourner contre son armée. Pour lors le comte de Romont, voyant bien qu'un moment de plus et tout serait fini, résolut de tenter un dernier effort et de profiter du désordre des Français : désordre d'autant plus grand qu'ils se croyaient victorieux. Il rassembla ses gens, se jeta tout le premier du côté où l'artillerie venait d'être prise, parvint à la reconquérir, et sans se laisser arrêter par une blessure qu'il reçut à la jambe, il continua à pousser les Français. Bientôt ils furent entièrement rompus, et se mirent à leur tour en déroute, laissant à la merci de l'ennemi leur camp qui devint aussi la proie du pillage. En vain les gens d'armes revenant de leur poursuite, tentèrent-ils de réparer ce malheur; c'était trop tard, ils arrivaient harassés, l'un après l'autre, sans savoir ce qui se passait sur le champ de bataille, et à grand'peine pouvaient-ils échapper eux-mêmes à ce péril imprévu. Toutefois ce ne fut point une défaite complète : l'armée française ne fut point détruite; monsieur d'Esquerdes se retira à Blangi, et recueillit une partie des gens, qui lui restaient, à Hesdin et dans les autres garnisons.

La bataille avait duré depuis deux heures jusqu'à huit heures du soir. Le duc Maximilien pouvait se dire victorieux, car il avait gardé le champ de bataille; mais la victoire lui avait coûté cher. Presque tous ses hommes d'armes avaient été tués ou pris. Jean fils du bâtard Corneille, qui avait péri autrefois à Rupelmonde, Antoine d'Hallwin, le grand bailli de Bruges, et bien d'autres puissans gentilshommes périrent en cette journée. Le duc Maximilien y montra une extrême vaillance, et se tint pendant presque toute la bataille au plus fort du danger. Dès la première attaque, bien qu'il eût rompu sa lance en se heurtant contre un homme d'armes, il abattit un franc-archer, et fit lui-même prisonnier un gentilhomme breton, qui se rendit à lui pendant le moment le plus vif de la bataille. Charles de Croy, fils du comte de Chimai, empressé d'honorer sa chevalerie nouvelle, s'était lancé au secours de sire Guillaume de Goux qu'il voyait aux prises avec un homme d'armes français. Ses étriers se rompirent et il tomba ; le Duc apercevant son péril s'en vint aussitôt avec Josse de La Laing et quelques Allemands pour lui porter secours, au risque d'être lui-même enveloppé. Ce courage acheva de lui gagner l'amour de la noblesse et de la chevalerie de Flandre.

Le courroux du roi fut grand[1] quand il reçut cette nouvelle. Il s'emporta contre M. d'Esquerdes qui avait, contre sa volonté si bien connue, hasardé l'honneur et le salut du royaume, dans une bataille qu'il croyait plus perdue encore qu'on ne le lui disait. Néanmoins, apprenant la grande perte des ennemis, il feignit de n'avoir ni crainte ni regret, se contenta des excuses de M. d'Esquerdes ; puis il se hâta

---

[1] Comines. — Molinet.

d'écrire aux bonnes villes que son armée avait remporté une grande victoire et détruit la fleur de la noblesse flamande. Partout on chanta des *Te Deum* et l'on alluma des feux de joie. Il était pourtant resté sept mille combattans sur le champ de bataille, et l'on avait perdu de vaillans hommes de guerre, entre autres Jean le Beauvoisien.

Le roi était surtout irrité qu'une victoire déjà gagnée eût été ainsi changée en défaite par la désobéissance et l'amour du pillage. Il chargea M. d'Esquerdes de semoncer les capitaines et surtout les gens de la garnison de Thérouenne. Il leur dit de sa part: « Le roi est averti du grand
» dommage qui nous est advenu. Aucuns de
» vous voudraient bien en jeter la faute sur moi,
» mais c'est sans raison. J'ai fait tout mon pos-
» sible, et si vous aviez fait votre devoir contre
» les gens de guerre aussi bien que contre les
» vivandiers, les prêtres, les malades, les fem-
» mes et les petits enfans; si vous n'aviez pas
» commis cette grande inhumanité qui sera
» un scandale éternel pour le règne du roi,
» vous eussiez gagné la bataille. Ce n'est pas
» merveille si les pauvres paysans sont contre

» vous et tuent vos gens dans la campagne,
» car vous ne cessez de les maltraiter et de les
» piller. »

On commença donc à ne plus agir si cruellement envers les gens du pays. On leur accordait merci lorsqu'on les faisait prisonniers; on leur promettait protection et repos s'ils revenaient cultiver leurs champs. Plusieurs se rassurèrent et quittèrent les bois où ils s'étaient réfugiés.

Mais ce qui importait surtout pour la guerre c'était de mettre quelque discipline dans l'armée et d'empêcher que le désir de piller n'y mît un si grand désordre. Le roi régla que les prisonniers et le butin seraient mis en un seul total, vendus à la criée, pour que le prix de la vente fût ensuite partagé également. Il pensait que les riches capitaines, étant les seuls qui pussent garder et nourrir des prisonniers, aimeraient mieux dorénavant en acheter à bon marché dans la vente que de s'occuper à en faire durant le combat; tandis que de leur côté les simples hommes d'armes et autres, à qui il serait interdit de rançonner les prisonniers sur le champ de bataille, n'auraient plus grande ardeur à en faire.

Il écrivait donc à son grand ami, M. de Saint-Pierre : « Monsieur le grand-sénéchal, à l'égard des gens d'armes qui sont dans Thérouenne, j'en ai toujours fait chef M. de Saint-André. Quant aux deux cents lances qu'il demande, il me semble que ce doit être : d'abord la compagnie de Joyeuse, et prêchez Manouri pour qu'il obéisse bien : secondement, la compagnie de M. Raoul de Lannoy à qui j'ai baillé la charge qu'avait le Beauvoisien. J'entends qu'ils viennent par demi-bandes. Il faut que M. de Baudricourt s'en aille à Franchise[1]; les autres compagnies, que vous avez déjà mises dedans, et qui ne sont commandées que par des lieutenans, lui obéiront mieux, ainsi il me semble que vous avez bien fait. Je vous envoie les lettres que m'a écrites le prevôt des maréchaux et les lettres que j'écris à M. de Saint-André et au prevôt. Je vous prie de remontrer à M. de Saint-André que je veux être servi à mon profit, et non par avarice, tant que la guerre dure, et

[1] Arras.

s'il ne le veut de bonne grâce, faites-le-lui faire par force. Empoignez les prisonniers et mettez-les au butin comme le reste. Ceux que vous verrez qui pourraient me nuire, je vous prie qu'ils ne soient pas délivrés. Trouvez pour cela quelque bon expédient. Il faut que les capitaines les achètent dans le butin, et ils les auront sûrement bon marché; puis ils s'obligeront à moi de ne les point délivrer d'un long temps que vous aviserez et vous prendrez leurs engagemens; alors ils les enverront dans leurs hôtels.

» M. le grand-sénéchal, je suis bien ébahi que les capitaines de M. de Saint-André et les autres ne trouvent pas bon que j'aie fait une ordonnance pour que tout soit au butin. Par ce moyen, ils pourront acheter tous ces prisonniers, même les plus gros, pour un rien; c'est ce que je demande, afin qu'une autre fois ils tuent tout, et ne prennent plus ni prisonniers, ni chevaux, ni pillage; alors nous ne perdrons jamais de bataille. Je vous prie, M. le grand-sénéchal mon ami, parlez à tous ces capitaines, chacun à part; faites que la chose vienne comme je la demande, et incontinent que vous m'aurez fait ce service, avertissez-m'en pour me faire plaisir. M. le grand-sénéchal, je vous tiens pour mon procureur là où vous êtes, et je serai le vôtre là où je serai. Je vous envoie des Suisses pour garder Houdain, jusqu'à ce que M. de Moreuil y soit retourné; j'envoie deux mille livres à messire Tannegui de Villeneuve pour le fortifier. Bapaume est d'Artois; ainsi ne perdez pas de temps à l'abattre, plus tôt que plus tard, et je m'ébahis que vous ayez tant tardé à le faire. Dites tout ceci à M. d'Esquerdes, à M. de Baudricourt et à M. de Maigni, car je ne leur écris rien, sinon qu'ils vous croient. Je vous prie, dites à M. de Saint-André qu'il ne vous fasse pas du retif, car c'est la première désobéissance que j'aie jamais eue d'un capitaine. Je ne saurais vous enseigner de si loin; faites ainsi que vous le verrez pour le mieux; mais gardez qu'il ne reste un seul prisonnier dans Thérouenne. M. le grand-sénéchal, si M. de Saint-André fait mine de vous désobéir, mettez-lui vous-même la main au cou, et lui ôtez par force les prisonniers; et je vous assure que je lui ôterai bientôt la tête de dessus les épaules. Mais je crois qu'il ne contredira pas, car il n'en a pas le pouvoir. Je crois que ce traître de paillard n'a jamais compris que je voulais que les capitaines achetassent les bons prisonniers pour y gagner. M. le grand-sénéchal, l'écuyer Chandios vous dira le surplus, et adieu. Écrit à Selommes, le 5 septembre. M. le grand-sénéchal, faites toujours escorter bien sûrement Chandios tant à l'aller qu'au retour. »

Si le duc Maximilien avait eu plus de hardiesse ou eût été mieux conseillé, il aurait profité du premier trouble des Français et serait entré dans Thérouenne, peut-être même dans Arras [1]; mais le premier moment une fois manqué, il n'était plus en état de continuer une forte guerre. Les bagages de son armée avaient été pillés et détruits; une partie de son artillerie avait été emmenée avant que le comte de Romont eût pu la reprendre [2]. Le pays, ravagé depuis trois ans, ne pouvait plus fournir aucune ressource. Il leva le siège de Thérouenne. Les milices de Flandre retournèrent chez elles, et ce fut deux mois après seulement qu'il put

[1] Amelgard.
[2] Comines.

rassembler assez de monde dans la ville d'Aire pour tenir de nouveau la campagne. Il commença par aller faire le siége du château de Malaunoi [1]. Il était défendu par un vaillant homme, nommé Raimonnet d'Ossagne le cadet, qui n'avait que cent vingt compagnons; pourtant il fit bonne résistance pendant trois jours, se laissa battre par l'artillerie, soutint l'assaut, et ne se rendit à merci que lorsque, deux tours étant forcées, il se fut retiré dans la troisième. Pour le punir de sa défense obstinée, on le pendit, ainsi que la plupart de ses compagnons. Le duc Maximilien continua à se saisir encore de quelques autres châteaux des environs.

Dès que le roi apprit la fin cruelle de Raimonnet d'Ossagne, mis à mort de sang-froid, trois jours après avoir été reçu à merci, il résolut d'en tirer une éclatante vengeance. Il ordonna à son prevôt, Tristan l'Hermite, de prendre cinquante des principaux prisonniers que les Français avaient entre les mains, et d'aller les pendre dans les lieux les plus appa-

[1] Molinet. — De Troy. — Legrand.

rens de la province. Tristan se mit à la tête de huit cents lances et de six mille francs-archers. Il vint d'abord devant la porte de la ville d'Aire, où avait été exécuté Raimonnet, et là il pendit sept des prisonniers. De là il s'en alla devant Saint-Omer, Douai, Lille, toujours faisant ainsi que le roi lui avait commandé. Pour se conformer à sa volonté et choisir les meilleurs prisonniers, il avait pris Wolfgang de Polhein, et l'allait pendre tout comme les autres; mais le roi, qui avait su combien le duc Maximilien aimait ce jeune seigneur, ne voulut pas lui faire cette offense et ce chagrin. Il envoya ordre de le garder en prison. Le messager arriva à temps pour sauver le sire Wolfgang.

Le soin qu'avait pris le roi pour qu'il fût épargné, la diligence du message qu'il expédia furent fort remarqués, et une erreur produite par le nom de Polhein fit répandre le bruit qu'il s'en était fallu de peu que Tristan ne pendît le fils du roi de Pologne [1].

La troupe de Tristan était assez forte pour

---

[1] De Troy.

servir à autre chose qu'à le protéger dans son office; elle entra dans le comté de Guines, y fit les plus grands ravages et brûla dix-sept châteaux.

Mais ces courses dans les campagnes, quelque mal qu'elles pussent faire, causèrent un bien moindre dommage au duc Maximilien, que ce qui se passait alors sur mer. Depuis le commencement de la guerre, les vaisseaux de chaque parti faisaient mutuellement des pirateries; mais cette fois Coulon, vice-amiral de France, ayant armé plusieurs navires, s'en alla à la rencontre de la flotte de Hollande et de Zélande qui revenait de la pêche du hareng. C'était une des grandes richesses de ce pays, qui avait depuis long-temps coutume de vendre du poisson salé à tous les États de la chrétienté. La flotte presque entière fut prise et emmenée dans les ports de Normandie [1]. Ce fut un désespoir parmi les Hollandais. Ils équipèrent alors quelques vaisseaux armés pour défendre et protéger leurs pêcheurs; Coulon dispersa cette nouvelle flotte, et s'empara encore

---

[1] Amelgard. — Legrand

des navires chargés de poisson. Peu après il saisit de même un convoi qui apportait de Prusse les seigles nécessaires à la nourriture du pays. Jamais, depuis cent ans, les Flamands et les Hollandais n'avaient, disaient-ils, éprouvé une pareille calamité. L'ardeur des villes et des bourgeois pour faire la guerre à la France s'en trouva fort refroidie.

La bataille de Guinegate avait encore plus changé la volonté du roi. Du jour où il sut cette mauvaise nouvelle, sa résolution fut prise de faire la paix, mais sans se presser, aux meilleures conditions, en donnant autant d'embarras qu'il pourrait au duc Maximilien, et profitant de toutes les bonnes occasions.

Pour ne rien faire paraître de ses desseins et se trouver prêt à tout, il continua à s'occuper de réformer son armée. L'année précédente il avait commencé à détruire les compagnies d'ordonnances, maintenant il songea à se passer des francs-archers. Pour cela, il fallait avoir des Suisses en grand nombre. Ce fut une de ses principales affaires. Les traités, et notamment celui qui avait été signé à Lucerne, au mois d'avril 1477, portaient que les Suisses lui fourniraient six mille hommes valides et guerroyans. Depuis la conquête et la parfaite soumission de la comté de Bourgogne, les seigneurs des ligues ne se regardaient plus comme obligés envers le duc Maximilien, qui d'ailleurs ne payait nullement les sommes promises. Il était beaucoup trop pauvre pour solder toute cette jeunesse des Suisses, qui voulait à toute force porter les armes et gagner de l'argent.

Tout favorisait donc le dessein du roi [1], et il pouvait, soit obtenir l'exécution de la promesse qu'on lui avait faite d'envoyer six mille combattans à sa solde, soit enrôler une foule d'aventuriers suisses. Aussi jamais ne dépensa-t-il autant d'argent, et n'envoya-t-il autant d'ambassadeurs en Suisse que dans le cours de cette année et de la suivante. Il le fallait bien, tant pour presser l'accomplissement des traités que pour veiller de près sur toutes les pratiques qu'on pouvait tenter contre lui dans un pays dont l'alliance était à prix d'argent. D'ailleurs, ce n'était pas sans inquiétude que les Suisses

---

[1] Amelgard. — De Troy.

voyaient entre ses mains la comté de Bourgogne. Il leur semblait un dangereux voisin.

Ainsi il importait au roi de rendre cette possession tranquille, et de prévenir des révoltes qui pouvaient si facilement trouver un appui. Le prince d'Orange était fort décrié : il avait fait tant de promesses qu'il n'avait pas tenues, et répandu tant de vaines espérances, que l'on n'avait plus nulle confiance en lui. Le roi s'attacha à gagner les principaux gentilshommes qui avaient fait la guerre avec ce prince et mieux que lui. Claude de Vauldrei était mort à la suite de ses blessures ; son frère Guillaume passa au service du roi et fut bientôt employé auprès des Suisses. La noblesse du Duché fut aussi traitée avec douceur et caresses. Le sire de Vergi, qui avait été fait prisonnier devant Arras au commencement de la guerre, était depuis plus de deux ans enfermé dans une cage, les fers aux pieds et aux mains [1], refusant toujours de faire serment ; le roi parvint enfin à gagner la dame de Vergi sa mère ; elle persuada à son fils que se soumettre serait

---

[1] Muller. — Legrand.

chose plus sage et plus profitable ; en effet toutes ses terres lui furent restituées, et il reçut en surcroît plus de dix mille livres de rente [1]; il eut aussi des commissions pour la Suisse. Un autre seigneur du Duché, le sire Claude de La Guiche [2], qui avait été enfermé au château de Blois, fut mis de même en liberté. Parmi les anciens serviteurs du duc de Bourgogne que le roi envoya auprès des ligues, un de ceux qui eut le plus sa confiance fut le sire Antoine de Bussi Lameth, fils de ce sire de Lameth [3] qui avait fait tant de messages entre le feu duc Charles et le duc de Bretagne, et que le roi avait voulu faire prendre en 1464. Le sire de Lameth avait, comme son fils, quitté le service de mademoiselle de Bourgogne et devint chambellan, conseiller, bailli de Lens en Artois, et d'Autun en Bourgogne, capitaine de la Grosse-Tour de Bourges et lieutenant du roi en Berri.

Ce fut ainsi qu'à force d'argent, et surtout

---

[1] Comines.
[2] Histoire généalogique.
[3] Antiquités d'Amiens.

par la bonne conduite de M. d'Amboise, le roi parvint à avoir des Suisses tant qu'il voulut, et à tenir la Bourgogne en parfait repos. Son pouvoir y était si bien établi que Charles de Neufchâtel, archevêque de Besançon, crut devoir prendre de lui des lettres d'abolition pour les voyages qu'il avait faits en Suisse, et les traités qu'il y avait conclus dans l'espoir de défendre la Comté. Il n'était pourtant ni sujet du roi, ni obligé à rien envers lui, lorsqu'il s'était mis en peine d'empêcher la conquête de son pays.

Près de là, en Savoie, le pouvoir du roi s'était encore augmenté. Madame Yolande, sa sœur, était morte l'année précédente, le 29 août 1478. Son fils, le duc Philibert, n'avait encore que douze ans; il y eut d'assez grands embarras pour régler la régence [1]. Les oncles du duc et les principaux seigneurs résolurent de s'en rapporter au roi. Il nomma, au gouvernement de Savoie et de Piémont, le comte de La Chambre, et laissa la garde du jeune prince à Étienne de Grolée, seigneur de Luys, à qui il l'avait déjà confiée quelques années au-

[1] Guichenon.

paravant, pendant que la duchesse Yolande était prisonnière du duc de Bourgogne.

La discorde se mit bientôt entre le comte de La Chambre et le sire de Luys. Le roi envoya successivement en Savoie le comte de Dunois, et le prince de Tarente avec le sire de Comines; comme les affaires ne s'arrangeaient pas, il se fit amener le jeune prince par le sire de Luys, qui était son pensionnaire. Le duc Philibert passa quelque temps à Bourges et à Tours auprès du roi, et de là fut ramené à Chambéri, par M. Louis d'Amboise, évêque d'Albi. Ce ne fut pas encore la fin des troubles de Savoie, mais le roi avait moins que jamais à craindre de ce côté.

S'il continuait à s'entremettre des affaires d'Italie, c'était afin de tout pacifier. Les Génois lui envoyèrent des ambassadeurs pour excuser leur révolte contre le duc de Milan, et ils lui montrèrent une complète soumission comme à leur seigneur souverain. Le roi fit bon accueil à messire Hector de Fiesque, leur député, écouta tout ce qui lui fut exposé en leur nom, et répondit que, puisque leur bonne volonté était si grande, il pourrait entendre à leurs propositions. Toutefois il n'avait nullement le désir de garder la seigneurie directe d'une ville si turbulente, et qui avait souvent causé tant d'embarras aux rois de France ses prédécesseurs. « Les Génois se donnent à moi, disait-» il familièrement, et moi je les donne au » diable. »

Son alliance avec la Castille devenait de plus en plus complète et sincère. Le cardinal Mendoça avait la plus grande part au gouvernement des royaumes de Ferdinand et Isabelle, et n'était pas plus leur serviteur qu'il ne l'était du roi de France; il mettait tous ses soins à leur inspirer une tendresse pleine de respect pour le roi Louis [1]. En effet, sa bonne volonté tarda peu à leur profiter. Le roi de Portugal, privé de l'appui de la France, fut contraint de faire la paix, et de renoncer à toute prétention sur la couronne de Castille. Au mois de juillet 1479, l'évêque de Lombez ramena d'Espagne à Paris une grande ambassade à qui le roi fit rendre les plus pompeux honneurs [2]. Le prevôt des marchands et les

[1] Lettres de l'évêque de Lombez, dans Legrand.
[2] De Troy.

échevins allèrent hors de la ville, au-devant des ambassadeurs de Castille, et leur entrée fut magnifique. L'évêque de Lombez, qui était en même temps abbé de Saint-Denis, les festoya dans son abbaye, et le comte de Meulan, que chacun n'appelait jamais que maître Olivier, leur fit les honneurs du château de Vincennes. Le roi n'oublia point de leur faire donner de riches présens.

Peu de temps après, la ville de Paris reçut avec plus de solennité encore le duc d'Albanie, qui s'était échappé de la prison où le retenait le roi d'Écosse son frère. Le roi donna ordre qu'il fût traité comme fils de roi, et le défraya de toute sa dépense. Ce grand accueil fait au duc d'Albanie ne pouvait que plaire au roi Édouard qui était alors en guerre avec le roi d'Écosse. Toutefois le roi Louis, ménageant les antiques alliances qu'il avait avec les Écossais, ne voulut accorder nul secours, ni favoriser en aucune façon les projets du duc d'Albanie contre son frère Jacques III. Seulement il lui procura un noble et riche [1] mariage avec Anne

---

[1] Histoire généalogique de la maison d'Auvergne.

de La Tour, de la maison d'Auvergne, et le fit accompagner d'un grand cortége lorsqu'il se rendit en Auvergne pour célébrer ce mariage. Il passa ensuite assez long-temps en France, toujours bien traité et tenu comme en réserve, pour se servir de lui selon l'occasion, et d'après les termes où l'on serait avec l'Angleterre.

Malgré tous les efforts du roi pour conserver le grand crédit qu'il avait en Angleterre, c'était une chose si extraordinaire et si nouvelle que de voir un roi anglais et ses conseillers dociles à tout ce que désirait un roi de France, que cela ne pouvait guère durer. Le peuple était grandement mécontent de se voir ainsi vendu à ses anciens ennemis; il ne prenait intérêt qu'aux Flamands, se réjouissait de leurs victoires, s'inquiétait de leurs mésaventures, ne désirait rien tant que de leur porter secours. Lorsque le roi Édouard était contraint à assembler les États du royaume en parlement, il y avait toujours un parti très-fort contre la France, et la complaisance qu'on lui montrait excitait de grands murmures. En cet état, il était inévitable que plusieurs conseillers craignissent de trop offenser la volonté de tout le royaume, et le roi Édouard lui-même devait se sentir quelque peu ébranlé dans son amitié pour le roi de France.

On commençait donc à pratiquer de secrètes intelligences contraires aux assurances publiques. C'était surtout par le duc de Bretagne que passaient les diverses propositions d'amitié et d'alliance, entre l'Angleterre et le duc Maximilien; car jamais aucun traité ni aucun serment ne pouvait enchaîner la vieille haine de ce duc et de quelques-uns des conseillers de Bretagne contre le roi. Il n'ignorait pas ce qui se complotait contre lui dans cette cour; il y envoyait souvent, faisait rappeler au duc les promesses qu'il avait récemment jurées, le sommait de les tenir, et ordonnait qu'on lui remontrât bien que le duc d'Autriche et les Flamands ayant attaqué le royaume, le cas d'alliance défensive était échu. Cela ne changeait en rien la mauvaise volonté qu'on avait pour lui en Bretagne, et qui était devenue plus hardie depuis la journée de Guinegate.

Alors le roi prit la résolution de donner au duc l'inquiétude de voir se réveiller ces vieilles querelles des maisons de Blois et de

Montfort, qui avaient si long-temps divisé la Bretagne. Jean de Brosse, fils du maréchal de Boussac, qui était mort dans les commencemens du roi Charles VII, avait épousé Nicolle de Blois, unique héritière de la maison de Blois. Beaucoup de traités, une longue possession reconnue par les rois de France, des hommages reçus, avaient confirmé le duché dans la maison de Montfort. Néanmoins, par acte du 5 janvier 1480, le roi acheta tous les droits de Nicolle de Blois, se chargeant de payer la dot de trente-cinq mille livres promise en mariage à Paule de Brosse, qu'avait épousée le comte de Nevers. Il se trouvait ainsi le maître d'élever des prétentions au duché de Bretagne; mais il avait tant d'autres embarras que ce contrat n'était qu'une vaine menace; aussi le duc n'en devint-il que plus empressé à conclure la nouvelle ligue qui se préparait entre l'Angleterre, la Flandre et la Bretagne.

Ayant donc renoncé à posséder tout l'héritage du duc de Bourgogne, se contentant d'en avoir une partie, et ne souhaitant plus que de se l'assurer par une bonne paix, le roi en revint à s'occuper davantage des affaires de son royaume. Il avait plus d'un grief contre le duc de Bourbon, et jusque-là il ne lui avait témoigné en rien son ressentiment. Depuis quelque temps il avait recueilli un nommé Jean Doyat, ancien élu de la ville de Cusset [1]. Long-temps payé par le roi pour épier le duc de Bourbon, son seigneur et son maître, cet homme avait subi, pour ses méfaits, quelque condamnation dans la justice du Bourbonnais. Chassé de son pays, il était devenu un des favoris du roi, un autre maître Olivier. Il dressa un mémoire contre le duc de Bourbon, et rapporta les abus qui se commettaient dans ses seigneuries. Selon lui, le duc de Bourbon avait des archers et gens armés, que ses officiers employaient à vexer et contraindre les habitans; il fortifiait ses places; il faisait battre monnaie; il interdisait à ses vassaux d'appeler de sa justice à celle du roi, et avait même fait mettre à mort, de nuit et par violence, ceux qui avaient voulu se rendre appelans; il avait exclus de l'assemblée des États d'Auvergne et de Bour-

[1] Chabrol, Coutumes d'Auvergne. — De Troy. — Legrand.

bonnais, les députés des villes affectionnées au roi, et n'y admettait que ses propres officiers.

Sur ce rapport transmis au chancelier, le roi écrivit au Parlement et au procureur général de faire informer. Jean Doyat lui-même et un conseiller au Parlement, furent nommés commissaires pour l'enquête. Ils se rendirent sur les lieux, et lorsqu'ils eurent rapporté les documens recueillis à leur diligence, le chancelier du duc de Bourbon, son procureur général, le capitaine de ses gardes et ses principaux officiers, furent ajournés devant le Parlement.

Le duc de Bourbon ne reçut point humblement un tel affront; son chancelier fut chargé de déclarer que son maître ne désavouait en rien ses officiers et qu'ils avaient agi par ses ordres : c'est ce que le duc reconnaissait par lettres authentiques. La procédure fut longue. Sans doute il pouvait bien y avoir quelque vérité dans les imputations de Jean Doyat, car les seigneurs en agissaient souvent ainsi envers leurs vassaux, sans se soucier de la puissance du roi. Néanmoins il n'y avait dans le royaume, et surtout parmi les gens de Paris, qu'une voix en faveur du duc de Bourbon. On ne voyait en tout ceci qu'un complot de gens de bas lieu et méprisés de tous, pour détruire un bon et loyal seigneur. Il passait pour opposé au roi, c'en était assez pour avoir la bonne volonté du peuple. Aussi parlait-on avec grande indignation de maître Hallé, avocat du roi, qui plaidait, disait-on, contre Dieu et la raison pour soutenir cette accusation. Elle n'eut aucune suite; le Parlement renvoya absous les officiers du duc de Bourbon. Mais le roi, pour le braver, n'eut pas honte de nommer Jean Doyat gouverneur d'Auvergne. Il fit aussi prendre et traduire devant le Parlement Geoffroi Herbert, évêque de Coutances, principal conseiller du duc. Son procès fut fait sur certaines imputations de sorcellerie et astrologie, et quelques autres mauvaises pratiques. Le Parlement ordonna qu'il serait tenu en prison à la Conciergerie, et le temporel de son évêché fut saisi.

Le roi n'était point en meilleure intelligence avec le duc de Lorraine [1]. L'année précédente,

[1] Histoire de Lorraine et de Bourgogne. — Hist. du roi René. — Legrand.

il avait fait avec lui un traité d'alliance que sans doute il n'avait point le dessein d'exécuter, car par ce traité il lui concédait le duché de Luxembourg et la comté de Bourgogne, sur lesquels il était loin alors d'abandonner ses prétentions. Depuis il avait conçu quelques alarmes et même assez fondées, de voir le duc de Lorraine devenir héritier de son grand-père le roi René. C'était en effet à quoi travaillait ce prince; il s'était fait consentir un bail pour le duché de Bar, et il en avait pris le gouvernement. Il s'était depuis rendu en Provence et avait, disait-on, espérance de faire changer le testament que le roi René avait fait trois années auparavant en faveur de son neveu Charles d'Anjou.

Heureusement le roi avait en Provence de grands partisans et surtout messire Palamède de Forbin, qui conduisait tout en ce pays-là. L'esprit du vieux roi René était fort affaibli; on en profita pour lui conseiller d'exiger que le duc de Lorraine quittât les armes de son duché et de sa maison pour prendre l'écusson d'Anjou. Le duc René s'y refusa et dit qu'il pouvait seulement écarteler ses armoiries. Cela ne satisfit point la fantaisie du vieillard et le courrouça contre son petit-fils. Bientôt le roi de France, inquiet, envoya en Provence le sieur de Blanchefort, maire de Bordeaux, et maître François Genas, général des finances, pour veiller à ses intérêts. Ils comptèrent de fortes sommes et donnèrent de riches présens au roi René ainsi qu'à ses conseillers. Le duc de Lorraine, craignant à son tour qu'il ne lui arrivât malheur, s'embarqua précipitamment, et, pour ne point risquer de traverser le royaume, il s'en alla prendre terre à Venise.

Bientôt le roi, se prévalant de la donation que lui avait faite madame Marguerite d'Anjou, reine d'Angleterre, envoya réclamer le duché de Bar. Le duc de Lorraine n'était pas encore de retour; sa mère, madame Yolande d'Anjou, était une princesse fière et courageuse, elle répondit que le roi n'avait qu'à faire selon sa volonté, mais qu'elle n'abandonnerait pas le duché de Bar. Plus sagement conseillée, elle demanda à attendre le retour de son fils. Pendant ce temps le roi obtint du roi René un bail de six années qui lui donnait le gouvernement et la garde du duché de Bar. Le sire Bertrand de La Jaille fut nommé commissaire pour en faire la remise aux gens du roi ; mais comme ils avaient dans leurs instructions de ne laisser insérer dans le procès verbal ni la clause de six ans, ni la rente du bail, dont la suppression eût semblé constater une prise de possession définitive, la remise ne se fit point.

Dès que le roi en fut informé, il employa tous ses moyens accoutumés pour vaincre la résistance du sire de La Jaille. Il lui fit écrire par maître Cerisais et par d'autres amis qu'il avait en France ; on lui offrit des récompenses ; tout fut inutile. « Tâchez du moins, écrivait » le roi à ses commissaires, de glisser dans » le procès verbal quelque bon mot dont on » puisse se servir par la suite. » Enfin il en fallut passer par l'exigence du sire de La Jaille.

Mais la duchesse Yolande et son fils ne reconnaissaient pas pour valide le bail consenti au roi ; ils représentaient un acte du 15 novembre 1476, par lequel le roi René protestait d'avance contre toute disposition qu'il pourrait prendre à l'avenir au préjudice de madame Yolande sa fille et du duc René son petit-fils, qui seuls devaient, disait-il, posséder le duché de Bar que leur assurait son testament.

Lorsqu'ensuite advint la mort du roi René, le 10 juillet 1480, elle ne termina point ce différent; Charles, comte du Maine, hérita de la Provence; le roi réunit l'Anjou à la couronne; la ville de Bar et quelques autres furent tenues au nom du roi; le reste du duché de Bar était soumis au duc de Lorraine, qui prétendait avoir droit à le posséder en entier.

Au commencement de l'année 1480 [1], le roi se trouvait en bien meilleure situation que le duc Maximilien, soit pour continuer la guerre, soit pour faire la paix à des conditions avantageuses. Son armée de Bourgogne traversait la Champagne, sous le commandement de M. d'Amboise, pour aller attaquer le Luxembourg. Le sire d'Esquerdes était le principal chef des garnisons de l'Artois. Le roi n'avait donc rien à redouter des entreprises de son adversaire. Au contraire, le duc Maximilien voyait chaque jour croître ses embarras. La guerre de Gueldres n'était pas un des moindres.

[1] 1479. v. s. L'année commença le 2 avril.

Aussitôt après la mort du duc Charles de Bourgogne, et encore bien plus lorsque le duc Adolphe de Gueldres eut été tué devant Tournai, les gens de Nimègue et de quelques autres villes s'étaient élevés contre la domination bourguignonne[1]. Réclamant la nullité de la cession que le vieux duc Arnould avait faite au duc Charles, en déshéritant son fils, ils avaient sommé madame Marie et le duc Maximilien de mettre en liberté leur légitime seigneur, le jeune fils du duc Adolphe. Comme ils n'obtinrent point de réponse, ils mandèrent madame Catherine de Gueldres, tante de ce jeune duc, et la firent régente.

Messire Guillaume d'Egmont était gouverneur de la Gueldres pour la duchesse de Bourgogne. Il s'avança sans précaution contre les gens de Nimègue, fut saisi dans sa marche avec le sire d'Iselstein, et jeté dans une dure prison; plusieurs de ses serviteurs furent même mis à mort. Les habitants de Nimègue appelèrent d'abord pour les gouverner, sous l'autorité de

---

[1] Chronique de Hollande. — Pièces de l'Histoire de Bourgogne. — Legrand.

leur régente, le duc Frédéric de Brunswick. Il se mit à leur tête ; mais comme il voulait épouser madame Catherine, et qu'elle n'y consentit point, il abandonna les gens de la Gueldres. Alors ils choisirent un autre avoué ou gouverneur. Ce fut messire Henri de Schwartzemberg, évêque de Munster, ce vaillant prélat qui avait si bien combattu au siége de Neuss.

Son premier soin fut de rechercher l'appui du roi de France. Le sire Perceval de Dreux et maître Franberge, maître des requêtes, furent envoyés par ce prince au mois de janvier 1480, pour conclure un traité avec les députés de Catherine de Gueldres, de l'évêque de Munster et des habitans de Zutphen. Les ambassadeurs de France exigèrent que le duché de Gueldres et le comté de Zutphen s'engageassent pour le présent et l'avenir à aider et servir le roi et le royaume de France envers et contre tous, nommément contre le duc Maximilien, madame Marie sa femme et leurs enfans, ainsi que contre le duc de Clèves et ses descendans. Le roi voulait qu'on remit des lettres-patentes à ses ambassadeurs, portant promesse de faire sur-le-champ mortelle guerre à ses susdits ennemis.

De leur côté, l'évêque de Munster et madame Catherine de Gueldres demandaient que le roi s'obligeât à ne faire ni paix ni trêve, tant que le jeune duc de Gueldres ne serait pas remis en liberté, rendu à ses sujets, et en possession de toutes ses seigneuries. Le roi consentait volontiers à ces conditions, remarquant toutefois qu'il était souvent à propos de conclure des trêves de peu de durée; il promettait d'y comprendre toujours ses alliés de la Gueldres.

Enhardis par leur traité avec le roi, ils recommencèrent la guerre contre le duc Maximilien, obtinrent de nouveaux avantages, repoussèrent ses troupes à grand'perte jusqu'à Bois-le-Duc, et furent arrêtés [1] dans leur poursuite seulement par les renforts qu'amena le duc de Clèves.

Cependant la marche du sire de Chaumont vers le Luxembourg était commencée; il deve-

---

[1] Rapport de Wliestède, espion du roi en Flandre. Manuscrit de la collection de Legrand.

naît pressant de lui résister. Le duc Maximilien chercha à conclure quelqu'accommodement avec la Gueldres. Ses propositions ne furent pas écoutées.

D'un autre côté, tout était dans le plus complet désordre en Hollande. Les guerres des Hoeks et des Kabelljauws avaient recommencé avec la même fureur que dans les anciens temps. La noblesse, comme la bourgeoisie, était divisée, et l'on ne voyait qu'entreprises d'une ville sur l'autre, violences, pillages, séditions contre toute autorité. Le seigneur de La Vère, gouverneur de Hollande, ne pouvait ou ne savait pas remettre le bon ordre dans le pays. Il était accusé de négligence, de faiblesse et d'incapacité, surtout par la faction des Kabelljauws. Il y avait une forte cabale auprès du duc Maximilien pour le faire destituer de cet office ; mais c'était un si puissant seigneur qu'on ne pouvait prendre légèrement une telle résolution. En outre, pour achever la calamité de cette malheureuse province, elle soutenait une guerre cruelle avec les gens de la Gueldres, qui, ayant des ports sur le Zuyderzée, étaient en grande rivalité de commerce et de pêche avec les Hollandais.

Une si triste situation, et la consternation qu'avaient répandue dans les villes de Flandre les désastres de la flotte, avaient fait résoudre au conseil du duc Maximilien, de ne mettre sur pied aucune armée pendant l'année 1480, et de renforcer seulement les garnisons des frontières de l'Artois.

Mais on ne pouvait rester sans défense contre les gens de la Gueldres et contre le sire d'Amboise. Il fallut donc convoquer les États de Flandre; ils s'assemblèrent à Gand. Maître Carondelet, chancelier du Duc, exposa la situation des affaires, et demanda une aide pour entretenir mille lances, afin de défendre le pays de Luxembourg. Les Gantois répondirent qu'ils étaient déjà trop foulés d'impôts, que d'autres villes avaient été plus ménagées, qu'ils avaient promis de fournir à la défense des places et forteresses de Flandre, et tiendraient leur promesse; mais qu'ils ne voulaient rien faire pour le Luxembourg. Les trois autres membres de Flandre, Ypres, Bruges et le Franc, firent la même réponse.

Le duc Maximilien était à Bruxelles. Son

indignation fut grande lorsqu'il sut de quelle façon les Gantois avaient reçu une si juste demande ; il leur écrivit : « Puisque vous êtes en un tel désordre et une telle désobéissance envers nous, mieux nous sera de trouver appointement avec le roi, et pour cela lui accorder tout ce qu'il voudra demander. S'il nous convenait d'en agir ainsi, la chose pourrait bien tourner à votre grand dommage et confusion ; car alors nous aurions moyen de vous démontrer que vous êtes tenus d'entendre et obéir à votre naturelle princesse et à nous votre prince. »

Les doyens des métiers furent assemblés, et il leur fut fait lecture de la lettre. Le courroux de leur prince les touchait si peu, que, comme pour le braver, ils ordonnèrent la levée d'une taille assez forte pour réparer les fossés de la ville. Il y eut quelques murmures contre cette taxe, et les bourgeois bannirent deux cents personnes, entre autres deux des conseillers du Duc. Parmi ceux qui s'étaient opposés à l'impôt, était un nommé Guillaume Vanderstaghe. Il s'était réfugié à Bruges, les Gantois le réclamèrent. Le Duc fit défense de le leur livrer; ils s'emportèrent en menaces, et bientôt on fut au point de craindre une guerre entre les deux villes. De part et d'autre les métiers avaient levé leurs bannières et se tenaient en armes. Les écluses de Gand furent mêmes ouvertes et la campagne inondée.

L'embarras du duc Maximilien était donc extrême. Il ne savait où trouver de l'argent. Le prince d'Orange lui en demandait pour les affaires de Bourgogne, et montrait que tout était perdu, si on ne le mettait en état de tenir les promesses qu'il avait faites. Quatre mille piquiers, fournis par le duché de Brabant, ne pouvaient aller à la défense de Luxembourg, si l'on ne pourvoyait à leurs dépenses. Il n'y avait pas même de quoi suffire à l'entretien de la maison de la Duchesse. Déjà le prince avait mis en gage, chez un marchand de Florence établi à Bruges, un riche drageoir de quinze mille écus.

Pour comble de malheur, il tomba malade à Rotterdam, où les affaires des Hoeks et des Kabelljauws avaient exigé sa présence. Son mal fut si violent qu'on craignit pour sa vie. Le bruit courut même qu'il était mort.

Tout semblait donc plus favorable au roi que précédemment, et il pouvait croire que la paix allait se faire selon sa volonté, lorsqu'il apprit que l'évêque d'Elne avait [1], le 12 mai, signé de nouveau la prolongation des trêves, en y comprenant, malgré ses instructions formelles, le duc Maximilien et le duc de Bretagne. La colère du roi fut grande. Il rappela son ambassadeur [2]. « Quoi ! lui dit-il, vous n'avez » pas su faire d'autres habiletés ? Vous vous » êtes complu aux paroles des Anglais et leur » avez tout cédé. On m'avait assuré que vous » étiez plus fort trompeur que tous les » conseillers d'Angleterre, et pour y avoir eu » espérance je me suis trompé. Par la Pâque-» Dieu, je ne vous y enverrai plus, et je met-» trai d'autres lévriers à leurs trousses. »

Le roi ne s'en tint point à de telles réprimandes. Il ordonna à son procureur général de traduire M. d'Elne devant le parlement,

---

[1] Histoire de Bourgogne, et pièces. — Legrand. — Pièces de Comines. — Rapin-Thoyras.

[2] Rapport d'un religieux, espion du duc Maximilien. — Pièces de Comines.

pour avoir passé ses pouvoirs, et pour avoir conclu des traités portant préjudice à la couronne.

L'évêque était un sage et habile homme. Il se défendit bien. Trois fois il avait été ambassadeur en Angleterre : d'abord, après le traité de Pecquigni, mais pendant deux mois seulement : puis, l'année suivante, peu de temps après la mort du duc de Bourgogne, tandis qu'il était tranquille en son diocèse, le roi l'avait mandé, et l'avait de nouveau envoyé comme ambassadeur, pour succéder à une grande et solennelle ambassade, où étaient l'archevêque de Vienne, Guillaume Cerisais, Olivier Leroux et d'autres personnes considérables. Pour lors, l'évêque d'Elne avait passé vingt-six mois de suite en Angleterre, et avait bien pu connaître le pays. Il y avait vu combien le peuple était ennemi des Français et quelle faveur il portait aux Flamands et à leur cause. Ce n'avait donc pas été chose facile de maintenir le roi d'Angleterre dans son alliance avec la France et dans son amitié pour le roi. Des ambassades solennelles étaient venues au nom de l'empereur et de son fils le duc Maximilien. Le margrave de Bade, le prince d'Orange, le confesseur de l'empereur, le président de Flandre, l'abbé de Saint-Pierre de Gand, tous personnages illustres ou habiles, s'étaient présentés pour réclamer le secours de l'Angleterre en faveur des Flamands. Les ambassadeurs de Castille et d'Aragon les avaient secondés de tout leur pouvoir, jusqu'à la paix de Saint-Jean-de-Luz. Le duc de Bretagne avait employé tout son crédit, et écrit lettres sur lettres au roi Édouard pour le décider. Deux fois le parlement avait été assemblé, et le parti contraire à la France s'y était montré le plus fort.

Cependant l'évêque d'Elne avait eu assez d'habileté et de bonheur pour, avec l'aide de Dieu, empêcher l'Angleterre de se déclarer contre le roi. Ce n'avait pas été sans difficulté, comme on l'avait vu, et ce n'avait pas été non plus sans péril. Les Flamands, attribuant tout au crédit qu'il avait gagné sur le roi Édouard, avaient envoyé un nommé Lancelot pour l'assassiner, et il eût péri par ce complot, s'il n'en eût pas été averti à temps. La rage des gens du peuple d'Angleterre contre lui, à cause de la conduite que suivait leur roi, lui avait fait courir un continuel danger. Pendant un voyage qu'il avait fait à Yorck avec le roi Édouard, le menu peuple de Londres avait pillé et ruiné son hôtel. Il était question tous les jours de le saisir, de le pendre, de le noyer. Ses domestiques étaient sans cesse insultés dans les rues, un d'entre eux avait été laissé pour mort, et le roi Édouard n'avait pas même osé punir un archer de ses gardes, reconnu pour coupable de cette violence.

L'évêque d'Elne prouvait donc fort bien son zèle pour le service du roi. Sans doute, et il le confessait, ses pouvoirs et instructions lui interdisaient de laisser mettre dans la trêve le duc d'Autriche et le duc de Bretagne. Il lui était de même défendu par le roi de le soumettre aux censures apostoliques, dans le cas où il cesserait de payer les cinquante mille écus par an. Mais lorsqu'entre son second et son troisième voyage, il était revenu en France, pour mieux savoir les véritables intentions du roi, il avait compris qu'avant tout, il fallait empêcher les Anglais de faire une ligue offensive avec les Flamands, et de tenter quelque entreprise sur la France.

C'était dans cette pensée qu'il avait, ainsi que le conseillait la raison, consenti à ces deux conditions, après avoir fait de son mieux pour les repousser. Au demeurant, il ne pouvait se repentir d'avoir prévenu la guerre entre les deux royaumes.

Il aurait pu ajouter pour sa défense que les pratiques du roi en Écosse, l'engagement qu'il avait pris de ne point secourir le duc d'Albanie, ses efforts pour le réconcilier avec son frère, les préparatifs de guerre des Écossais contre l'Angleterre, avaient jeté de grands doutes sur sa bonne foi, et donnaient de fortes armes au parti qui lui était opposé dans le conseil du roi Édouard.

Le parlement de Paris ne donna nulle suite à cette procédure. Quant au roi, il ne ratifia point la trêve, mais continua à se conduire avec l'Angleterre tout comme par le passé, payant exactement au roi Édouard les sommes promises, lui témoignant grande amitié, et conservant à prix d'argent tous les partisans qu'il avait dans son conseil. Le comte de Hastings n'était pas le moins zélé.

« Sire, lui écrivait-il, le 17 mai 1480, la

chose que je désire le plus au monde c'est votre bonne grâce; j'espère y être, et n'ai pas intention de rien faire qui me la puisse ôter. Soyez sûr que je ferai toujours de tout mon pouvoir, et serai prêt à vous faire service, comme j'ai dit à M. d'Elne et à M. de Howard, qui est bien votre serviteur. Par eux vous serez averti de toutes choses. Sire, j'ai été assez hardi, par le conseil de M. d'Elne, de vous envoyer, par le porteur, des lévriers, un hobbin [1] et une haquenée qui vont assez doux, et s'il vous plaît autre chose me commander, toujours me trouverez prêt à vous faire service. »

Lord Howard et une grande ambassade d'Angleterre étaient revenus encore en France, pour obtenir la ratification de la trêve, et entamer quelques pourparlers de paix. Le roi ne leur fit pas un moindre accueil que par le passé; jamais il ne leur avait montré tant d'amitié, ni fait de si riches présens. Il donna à lord Howard une vaisselle d'argent magnifique qu'avaient fondue les orfèvres du pont au Change.

[1] Hobby, cheval de race irlandaise et d'allure douce.

Lui-même les fêta splendidement au palais, à Paris. Quant à avoir une audience de lui et lui parler des affaires, c'était chose impossible : il avait chaque jour quelque prétexte, et s'en allait de village en village, aux environs de Paris, pour ne pas se laisser joindre. En outre, malgré toute la tendresse qu'il témoignait aux ambassadeurs et à leur roi, il ne pouvait s'empêcher de dire, devant ses familiers et sans trop de discrétion, tout le mal possible des Anglais. Dans son courroux, il assurait que s'il pouvait avoir paix ou trêve avec les Flamands, il n'aurait aucun souci des Bretons et des Anglais, fussent-ils plus grands amis encore qu'ils ne l'étaient.

Pendant tous ces délais, son armée avançait dans le duché de Luxembourg. M. d'Amboise avait repris Virton d'assaut ; Yvoy était sans moyen de défense ; la garnison offrit de rendre la place, si elle n'était pas secourue avant six semaines ; il ne lui fut accordé que trois jours. M. de Chimai, gouverneur du Luxembourg, et le comte de Romont, qui commandait sur les marches de Flandre, n'avaient point de forces suffisantes ; d'autant que les Suisses commençaient à arriver en grand nombre dans l'armée du roi. Les capitaines bourguignons ne songeaient donc qu'à parlementer et à conclure quelque trêve; mais le roi ne le voulait point, et ne donna point son approbation à celles que ses capitaines avaient consenties.

Ainsi la guerre continuait dans le duché de Luxembourg, sans qu'il s'y fît pourtant de grandes choses : c'était des deux parts des courses et des ravages dont le pays était abîmé. Tous les marchands qui revenaient de la foire d'Anvers furent pillés, et se virent enlever leurs chariots de marchandises. Le capitaine Galiot, qui avait si vaillamment défendu Valenciennes contre les Français, avait été gagné par le comte de Dammartin, et servait maintenant le roi de son mieux; il s'en vint en dévastant les campagnes jusqu'aux portes de Namur. De l'autre côté, le commandeur de Chantereyne ne faisait point de moindres exploits. Il alla mettre le siége devant le fort château de Beaumont, qui appartenait au comte de Vernembourg, allié du roi de France. Il était absent; Marie de Croy, sa femme, bien que son frère et toute sa famille fussent les premiers et les plus puissans serviteurs du duc Maximilien, soutint le siége, comme aurait pu faire un vaillant capitaine; elle vit ruiner et brûler sans s'émouvoir toute la ville qui environnait le château, et ne se rendit enfin que lorsque son mari lui eut fait dire de traiter. Elle obtint de bonnes condition, et il lui fut permis d'emmener trois chariots chargés.

Mais ce n'était plus la guerre qui devait décider des intérêts des deux partis; il était manifeste que tout allait se passer en négociations. Depuis que le roi d'Angleterre se montrait favorable au duc Maximilien, ce n'était pas en son armée que ce prince devait mettre ses espérances.

LIVRE QUATRIÈME.

Négociations. — La duchesse Marguerite va en Angleterre. — Le cardinal de St.-Pierre vient comme légat en France. — Déclin de la santé du roi. — Ses nouveaux projets. — Première attaque d'apoplexie. — Pèlerinage à St.-Claude.

Le roi, lorsqu'il avait songé à la paix, s'était avisé que rien ne lui serait plus utile que de la soumettre à l'arbitrage du saint siége, et de faire exercer les pouvoirs du pape par Julien de la Rovère [1], cardinal de Saint-Pierre-ès-liens. Depuis quatre ans, il s'était constamment efforcé de mettre dans ses intérêts ce neveu favori du saint père, et d'en faire son ami. Il lui avait donné l'évêché de Mende, et l'avait ainsi placé au rang de ses serviteurs. Mais il fallait avant tout se réconcilier avec le pape et revenir sur ce qui avait été tenté contre son pouvoir : c'é-

[1] Rapport d'un moine espion du duc d'Autriche. — Pièces de Comines.

tait à quoi les libertés de l'église de France servaient toujours au roi. Il les maintenait ou les sacrifiait selon qu'il avait à effrayer ou à flatter le souverain pontife.

En conséquence, le 14 de juin, étant à Brie-Comte-Robert, il donna une déclaration portant, qu'ayant été averti que le saint père, pour le bien de la chose publique chrétienne et la pacification des princes, était disposé à envoyer un légat *à latere* avec ample puissance de s'en occuper, il avait supplié ledit saint père que son plaisir fût de le faire ainsi. Depuis il avait su que le saint père, par le conseil du collége des cardinaux, avait élu le cardinal Sancti-Petri *ad vincula*, et cette chose lui avait été très-agréable à cause des grandes, louables et excellentes qualités qu'il savait être en la personne dudit cardinal. Pour donc ne point retarder sa venue, encore que le roi et ses prédécesseurs eussent droit, privilége, prééminence et prérogative expresse, avec coutume et usage gardés de toute ancienneté, de ne pas être tenus à recevoir en leur royaume aucun légat du saint siége apostolique, et de ne lui laisser exercer sa légation que par un exprès consentement, volonté et permission; néanmoins, pour accorder plusieurs différens touchant la collation des bénéfices, et prévenir la diversité qui se trouve souvent entre les bulles du saint père et les élections des ordinaires; de plus, voulant user envers ledit cardinal d'un plus spécial honneur, d'une plus grande faveur et libéralité qu'envers tout autre; considérant, en outre, que sa venue et sa légation avaient été au su et au consentement du roi, il accordait et octroyait pour cette fois seulement, et sans tirer à conséquence, que le cardinal Sancti-Petri *ad vincula* entrât comme légat dans le royaume avec tous les honneurs accoutumés, faisant porter la croix devant lui, hormis en présence du roi.

Toutes ses réserves étant ainsi faites, le roi pressa l'arrivée du cardinal de Saint-Pierre. Il aurait bien voulu voir venir avec lui l'évêque de Mâcon, Philibert Hugonet, frère du chancelier de Bourgogne, qu'avaient mis à mort les Gantois. Il était aussi cardinal, et homme de grande sagesse. Le roi comptait se servir de lui à cause du crédit qu'il avait dû conserver dans les conseils de Bourgogne, et surtout auprès de la duchesse douairière. Il voulait gagner cette princesse, en lui faisant offrir quelques belles seigneuries et un grand mariage; mais l'évêque de Mâcon resta en Italie.

Rien n'aurait pu en effet avancer autant les affaires du roi, que d'attirer dans son parti la douairière de Bourgogne. C'était en elle que le duc Maximilien plaçait tout son recours. Il était vaillant de sa personne, courtois envers les seigneurs et les gens de guerre; mais ce n'était nullement un homme de conseil. Il aimait les fêtes, la chasse et les divertissemens de toute sorte. Le grand amour que lui avaient montré les Flamands lors de son arrivée, ne s'était pas tourné en haine, mais ils faisaient chaque jour un moindre compte de lui. Il leur semblait léger en sa conduite, et peu suffisant pour les embarras qui le pressaient. Madame Marguerite, au contraire, était une dame d'un grand sens, aimée et estimée des anciens serviteurs et conseillers du feu Duc son mari. Elle était fort ennemie du roi de France, et résolue à lui nuire autant qu'elle le pourrait. Mais ce qui la rendait surtout considérable à cette cour de

Bourgogne, c'était d'être la sœur du roi d'Angleterre. Plus que nul autre elle avait contribué à l'attirer dans le parti du duc Maximilien, ou du moins à diminuer sa soumission pour le roi Louis.

Afin d'achever son ouvrage et de conclure une alliance entre son frère et le duc Maximilien, elle se rendit elle-même en Angleterre vers la fin de juin, avec une nombreuse et solennelle ambassade. Elle avait les pouvoirs et les instructions du duc Maximilien.

On devait d'abord traiter du passage de deux mille archers anglais, qui seraient soldés avec de l'argent emprunté à Bruges; c'était ce qui pressait le plus.

Déjà il avait été question du mariage de mademoiselle Anne, troisième fille du roi d'Angleterre, avec M. Philippe d'Autriche, fils du duc Maximilien. Mais le roi Édouard, qui aimait l'argent avant tout, faisait remarquer que ce mariage romprait celui de sa fille aînée Élisabeth, avec le Dauphin de France, et qu'alors il perdrait les cinquante mille écus que lui donnait la France; de plus le roi Louis ne lui avait demandé aucune dot, et il n'en voulait pas donner non plus pour ce nouveau mariage.

Le duc Maximilien était loin d'être aussi riche que le roi de France. Il consentait bien à remplacer les cinquante mille écus par an; mais madame Marguerite et les ambassadeurs étaient chargés de remontrer combien il était étrange qu'un roi d'Angleterre voulût marier sa fille sans lui rien donner; du moins fallait-il exempter le Duc du payement des cinquante mille écus, et les considérer comme dot de la princesse d'Angleterre, qui serait ainsi dotée sans nul déboursé. Cependant Guillaume de la Baume, seigneur d'Irlain, avait l'instruction secrète d'en passer par ce que voudrait le roi Édouard, après avoir bien marchandé et débattu de son mieux les intérêts du duc Maximilien.

Les ambassadeurs devaient ensuite travailler à confirmer ou renouveler les anciennes alliances du roi d'Angleterre et du duc de Bourgogne; si le roi préférait se mêler de la paix à faire avec le roi Louis, du moins fallait-il régler une alliance pour le cas où ce prince refuserait la paix.

La condition nécessaire de cette paix avec le roi de France devait être de restituer au Duc et à sa femme la duchesse Marie tout le patrimoine de la maison de Bourgogne ; le Duc voulait même que ce fût le préliminaire de toute trêve. Toutefois il se contentait de la remise de l'Artois, de la comté de Bourgogne, de la vicomté d'Auxonne et du bailliage de Saint-Laurent-lèz-Mâcon.

Si paix, ni trêve ne pouvaient se faire, on demandait que le roi d'Angleterre secourût la Flandre avec cinq mille combattans au moins ; et comme leur solde serait une lourde charge, on conjurait le roi Édouard de considérer le merveilleux honneur et la renommée qu'il se ferait en donnant, ou du moins en n'exigeant pas sur-le-champ cette solde, et de songer aussi que le roi de France en serait d'autant plus effrayé ; car sans cela il pourrait dire que ce secours ne durerait pas long-temps faute d'argent.

La pauvreté du duc Maximilien paraissait pleinement dans toute cette instruction. Il remontrait que si le roi Édouard recevait moins de lui que du roi Louis, il avait du moins, par cette alliance, la facilité de poursuivre tous ses droits sur la couronne de France.

Le duc Maximilien plaçait aussi parmi les conditions de paix la restitution de tous les biens et seigneuries de la maison de Luxembourg confisqués sur le connétable de Saint-Pol.

La duchesse douairière[1] reçut un bon accueil de son frère le roi d'Angleterre. Peu après, lord Howard revint de son ambassade de France, rapportant de grandes sommes d'argent. Il annonçait que le roi de France était résolu de ne rien épargner pour conserver l'alliance du roi d'Angleterre, et que plutôt de laisser comprendre dans la trêve les ducs d'Autriche et de Bretagne, il dépenserait, disait-il, la moitié du revenu de son royaume. Toutefois le roi Édouard assura sa sœur qu'il n'entendrait nullement à de telles propositions, et même que, si le roi Louis, comme on le disait aussi, faisait une grosse assemblée de gens d'armes pour assiéger Saint-Omer ou Aire, il passerait la mer avec une armée pour défendre ces villes. Ainsi le duc Maximilien n'avait nul besoin de s'inquiéter sur la guerre d'Artois, et la duchesse Marguerite lui faisait savoir qu'il

[1] Lettre de la Duchesse, 27 juillet.

pouvait ne songer qu'à avoir une forte armée dans le Luxembourg. Elle lui promettait deux mille archers anglais et un prêt de dix mille écus d'or.

Elle avertissait aussi son très-cher fils le duc Maximilien de se méfier des pratiques du roi de France, qui, ne pouvant plus disposer de l'Angleterre, allait sûrement, à force d'argent et de promesses, tenter quelque accommodement avec lui, et le séparer ainsi du roi Édouard et du duc de Bretagne.

Le Duc n'obtint pourtant que quinze cents archers, encore était-il aux expédiens pour payer leur solde et leur passage [1]. Le roi d'Angleterre lui faisait donner de grandes assurances. Toutefois, soit mollesse et amour des plaisirs, soit amour pour cet argent de France qui lui venait si fort à point, s'il voulait bien protéger le duc Maximilien, il ne s'occupait point de le secourir. Ce que pouvaient lui dire les envoyés de Flandre, sur ses droits à la couronne de France, sur la Normandie et la Guyenne qu'il pourrait recouvrer, sur des

[1] Instruction à Michel de Berghes.

projets de descente facilement exécutables : tout cela n'avait nulle action pour l'émouvoir.

Cette froideur porta le conseil de Bourgogne à tenter, de son côté, une négociation avec le roi de France, sinon pour la paix, du moins pour une trêve. Les premières paroles furent portées par un serviteur de la maison de Savoie et du comte de Romont qui se nommait le sire de Genthod. Il vint trouver le roi, lui fit de grandes assurances, affirma qu'il était son serviteur plus que de nul autre, et, tout petit personnage qu'il était, se rendit important dans cette affaire.

Sur sa foi, le duc Maximilien nomma le comte de Romont, Guillaume de Rochefort, conseiller d'état, Jean Dauffai, maître des requêtes, et d'autres encore pour négocier une trêve. Le roi la voulait de sept mois. Le Duc y consentait, mais désirait qu'elle fût en apparence de trois mois seulement, et que les quatre autres mois fussent l'objet d'un article secret.

La trêve fut signée le 27 août. On avait voulu obtenir du roi qu'il retirât ses troupes du Luxembourg et qu'il donnât en gage une ville forte en Artois. Il s'y refusa. Peu après, les mêmes ambassadeurs reçurent pouvoir du Duc et de la Duchesse pour négocier la paix avec le sire du Lude, délégué à cet effet par le roi.

La douairière de Bourgogne [1], qui pressait le roi d'Angleterre de se déclarer, qui acceptait son entremise, qui promettait au nom du duc Maximilien qu'aucun traité séparé ne serait fait, se montra fort mécontente de la résolution qui avait été prise. Elle se plaignit de ce qu'on avait ainsi démenti ce qu'elle avait dit et promis. Le roi Édouard en avait beaucoup moins de souci qu'elle-même; il se montrait, dans ses discours et ses lettres [2], fort content de cette trêve; mais quelques-uns de ses conseillers tiraient argument de la conduite du duc Maximilien pour le noter de légèreté et pour dire qu'il n'était pas bon et entier allié de l'Angleterre.

On lui reprochait aussi de ne pas avoir tenu la promesse qu'il avait faite de rompre tout commerce entre ses états et les sujets du roi d'Écosse. Des lettres tout opposées aux

[1] Lettre du 14 septembre.
[2] Lettre du roi Édouard du 21 septembre.

paroles qu'il avait données avaient en effet été saisies et lues. Pour ces motifs et pour d'autres le départ des archers souffrait des retards. On craignait de n'être pas payé, et le roi Édouard s'émerveillait que le duc Maximilien, en ayant l'année précédente cassé et renvoyé trois cents, faute de les pouvoir solder, voulût maintenant en avoir quinze cents. Aussi madame Marguerite était-elle obligée de payer d'avance. Il lui fallait encore donner de l'argent aux conseillers d'Angleterre. Lord Howard prétendait que des marchandises, à lui appartenant, avaient été pillées en mer par les Hollandais. Le docteur Langton alléguait un pareil motif, et ils exigeaient des dommages et intérêts. C'était bien des dépenses pour un prince si embarrassé dans ses finances; en outre il fallait faire des présens à cause de ce mariage promis, entre le jeune Philippe d'Autriche comte de Charolais, et madame Anne d'Angleterre ; la douairière remit solennellement à la jeune princesse une belle bague de diamans qui lui avait coûté soixante livres sterling ; le roi d'Angleterre était si avare, qu'il en rendit, au nom de sa fille, une autre qui ne valait qu'environ cinq livres.

Le duc de Bretagne se voyant compris dans la trêve s'en montra satisfait, et déclara qu'il entendait en profiter.

C'était pour le roi le moment de se servir du légat qu'il avait pris tant de soin à faire venir de Rome. Il était arrivé en France vers la fin de juillet, accompagné de l'archevêque de Rhodes. L'ordre avait été donné à tous les gouverneurs de province, capitaines des villes, serviteurs du roi, de lui faire rendre partout les plus grands honneurs. Le comte Dauphin d'Auvergne, le lieutenant de Dauphiné, les évêques de Lizieux et de Saint-Paul, l'archevêque de Bordeaux, vinrent au-devant de lui jusqu'à Saint-Symphorien-d'Ozun; Jean Dauvet, secrétaire du roi, lui remit la déclaration du roi concernant son admission dans le royaume, et reçut de lui promesse écrite de ne rien entreprendre qui portât préjudice aux prérogatives et libertés de France.

Le légat continua sa route jusqu'à Bourges où de grands honneurs l'attendaient encore. Le comte de Dunois était venu l'y attendre de la part du roi. Ce fut à Vendôme qu'il vit ce prince avec qui il avait déjà fait connaissance à Lyon, quand, avant de rechercher son amitié, il l'avait fait mettre en prison. Ils passèrent plusieurs jours ensemble ; de là le légat se rendit à Paris. Tous les corps de la ville étaient venus le recevoir à la Porte Saint-Jacques ; les rues étaient tendues comme pour les processions. Le cardinal de Bourbon l'accompagnait partout ; il se rendit d'abord à Notre-Dame, puis à son logis au collége Saint-Denis près les Augustins. Les jours suivans s'écoulèrent en fêtes et en cérémonies. Il alla prendre le plaisir de la chasse aux daims dans le parc de Vincennes, où maître Olivier lui donna un magnifique repas. La veille de la Nativité de la Vierge, il officia pontificalement à Notre-Dame. Le cardinal de Bourbon lui donna à dîner et à souper avec une foule de prélats et de seigneurs. L'évêque de Lombez lui fit une réception plus splendide encore dans son abbaye de Saint-Denis. Il partit pour la Picardie, afin de commencer les négociations.

Quelque confiance que le roi mît dans ses promesses et sa bonne volonté, pour plus de précaution, François Hallé et Guillaume de Ganay, avocats du roi, firent sur les registres du Parlement une protestation secrète, contre la faculté accordée par le pape à son légat, de contraindre par voie d'excommunication et de censure celles des parties qui se refuseraient à la paix. Le roi entendait bien que cette arme ne pût être tournée contre lui.

Mais son inquiétude était superflue, comme aussi l'espérance qu'il avait mise dans le voyage du légat. Tant de soins publiquement pris pour le gagner avaient mis en méfiance le conseil du duc Maximilien. A son arrivée à Paris, le cardinal de Saint-Pierre avait écrit à ce prince qu'envoyé par le pape pour pacifier la république chrétienne, et la réunir en un seul parti, afin de résister aux Turcs, il allait arriver près de lui; il ajoutait qu'ayant déjà exhorté à la paix le roi de France, il avait eu le bonheur de l'y trouver très-favorable.

Le Duc avait d'abord répondu que la chose étant grave, et que se trouvant en ce moment sans son conseil, il ne pourrait rien décider avant de l'avoir consulté; il priait donc le cardinal de retarder sa venue. Cependant le légat était arrivé jusqu'à Péronne, et insistait pour être admis auprès du Duc, alléguant que le faire ainsi attendre portait diminution de la dignité apostolique du saint siége et grand préjudice à la chrétienté. Les Turcs assiégeaient Rhodes; ils étaient descendus dans la Pouille. Le temps pressait de sauver la foi catholique de ses cruels ennemis.

Quelles que fussent les instances continuelles du cardinal de Saint-Pierre, malgré un bref qu'il fit venir de Rome et par lequel le pape priait le duc Maximilien de recevoir et d'entendre son légat, il lui fut impossible de faire accepter sa mission et de s'entremettre de la paix. Les excuses et les refus furent respectueux, mais obstinés. Ce fut vainement que le roi Édouard, consulté par le duc Maximilien sur cette affaire, répondit qu'il lui semblait bon de donner audience au légat, et qu'on pouvait l'entendre sans pour cela rien conclure. Le conseil de Bourgogne et spécialement le cardinal évêque de Sebenico nonce du pape auprès du Duc, et Thierri de Cluni évêque de Tournai, trouvèrent plus sage de ne le point recevoir. On craignait qu'il ne fût tout au roi. On pouvait en montrer une preuve même dans sa façon d'écrire au Duc à qui il ne donnait jamais le titre de duc de Bourgogne.

Le roi était fort courroucé de ce contre-temps. « Monsieur, écrivait-il au cardinal, sachez que vous étiez trahi dès que vous êtes parti de Rome. Dès lors Sebenico a forgé contre vous pour ne pas perdre sa légation, et s'est allié avec Tournai. En cas que le courrier que vous avez envoyé au duc d'Autriche ne vous apporte pleine réception de légat, comme il vous appartient, vous devez vous en retourner. Mais aussi il faudra envoyer à messieurs de Gand leur signifier la charge que vous avez de notre saint père pour le bien de la chrétienté. Vous leur ferez savoir le refus que vous font les conseillers du duc d'Autriche, et le grand péché qu'ils commettent en désobéissant au saint siége. Vous prierez messieurs de Gand d'envoyer quelqu'un par-devers vous ; vous leur montrerez que vous n'y allez que pour le bien, que vous n'êtes point partial. Nommez-leur hardiment l'évêque de Tournai et Sebenico, comme vous étant contraires et ne voulant pas la paix. Il n'est rien qui déplaise tant aux Gantois, car eux maintenant veulent la paix. Il faudra que vos gens sachent si les susdits conseillers ne leur ont point fait entendre que vous voulez procéder contre eux pour la mort du chancelier de Bourgogne, frère du cardinal de Mâcon ; en effet, il s'avoua clerc, et appela de son jugement à Rome.

» A l'égard de l'archevêque de Rhodes, c'est un traître, et puisque vous me demandez conseil, vous devez lui faire commandement, sous peine de dégradation et autres, qu'il s'en aille tout droit vers le pape. Ne le gardez pas un quart d'heure avec vous, car vous donneriez courage à Tournai et à Sebenico, et l'on vous tiendrait pour un homme pusillanime. Incontinent qu'il sera hors de votre compagnie, vous verrez, devant qu'il soit quinze jours, Tournai et Sebenico s'humilier, quand ils connaîtront qu'ils ne pourront rien sur vous par ce côté.

» Quant à ceux de Gand, ils haïssent tous ceux du conseil du duc d'Autriche, et spécialement ceux de Bourgogne. S'ils envoient devers vous et que vous les puissiez gagner, ils ont bien la puissance de vous faire recevoir légat, malgré le duc d'Autriche et tout son conseil. C'est une chose à aventurer, l'essayer ne vous coûtera guères.

» Si vous avez pouvoir d'ajourner Sebenico pour rendre ses comptes devant vous, vous devez aussi le faire incontinent et le déposer de sa légation. Si vous n'avez pouvoir, vous devez envoyer hâtivement vers le pape, pour qu'il les fasse tous deux venir à Rome, et les punisse du grand déshonneur qu'ils vous ont fait, et pas à vous seulement, mais à la personne du pape; car vous êtes son légat et son neveu.

» Ce qu'ils ont dit, que vous eussiez à ne mener aucun Français avec vous, c'est pour l'évêque de Saint-Paul [1], car Rhodes leur a donné à entendre que quand Saint-Paul n'y est pas, il vous gouverne paisiblement. Vous entendez tout mieux que moi; mais je vous avertis le mieux que je puis de ce que je puis vous conseiller. Au Plessis-du-Parc, le 25 octobre. »

[1] Astorgius Aimeri.

Cette lettre n'était pas signée du roi, mais de Doyat son secrétaire et son nouveau favori. Elle n'était pas non plus adressée au légat, mais aux ambassadeurs du roi. Ils devaient la communiquer au cardinal de Saint-Pierre. Il s'empressa de répondre, annonçant qu'il faisait tout ce que le roi lui prescrivait. Il reconnaissait que l'archevêque de Rhodes l'avait trompé, et ne l'avait pas servi comme il eût dû faire, lui qui l'avait élevé et fait de rien.

« Sire, il est Grec. La convoitise et l'ambition de se faire grand lui ont fait faire ce qu'il a fait, et il ne lui souciait guères que ce fût à vos dépens ou aux miens. On ne saurait toujours se garder des mauvaises gens ; mais si je lui fais commandement qu'il aille à Rome, quelque grand et étroit que soit mon commandement, cet archevêque est de telle nature qu'il n'en fera rien ; au lieu d'aller à Rome, il s'en ira en Flandre ou en Angleterre tout brouiller comme il a commencé. Et parce que je ne voudrais pas déshonorer la qualité qu'il a, ni aussi qu'il m'échappât, je voudrais bien que votre plaisir fût de me bailler gens qui, sans grand bruit, et sans le laisser parler ni écrire à personne, me le menassent au château neuf du pape, près d'Avignon, qui est à moi. Là il m'attendra jusqu'à ma venue; alors je saurai de lui tout ce qu'il pourra avoir fait en Flandre. Sur ce, Sire, vous me ferez savoir votre bon plaisir. Tant plus tôt je l'y enverrai, mieux vaudra.

» Au regard de Sebenico, notre saint père m'a chargé expressément de voir son fait. Je lui hausserai si bien le chevet, et avant que je parte d'ici, je le mettrai en telle extrémité, qu'il ne saura où se tourner. Vous en verrez l'expérience, Sire, s'il plaît à Dieu, et j'ai espérance que ledit Tournai ne s'en tirera pas mieux ; car l'inconvénient qu'ils font touche de trop près notre saint père, l'Église universelle et aussi toute la chrétienté. Écrit à Péronne le 29 octobre. »

L'enlèvement de l'archevêque de Rhodes, que M. Dubouchage fit prendre et emmener par la compagnie de M. d'Ussé, et les menaces du cardinal de Saint-Pierre n'avancèrent pas les affaires. Il fallut que la négociation commençât sans le légat. Le comte de Romont et quatre des conseillers du duc Maximilien pressaient l'ouverture des conférences et demandaient qu'un lieu fût désigné. Le roi avait de son côté choisi pour ambassadeurs M. du Bouchage et Louis de Forbin, seigneur de Solliers. Il venait de passer du service de Provence à celui du roi, dont Palamède son père était toujours le grand ami.

Les choses ne tournaient donc pas à son gré, et, à force d'avoir trompé tout le monde, il avait mis chacun en défiance de lui. Il devenait aussi, de jour en jour, vieux, chagrin et malade, et se montrait plus rempli de rudesse et d'exigence envers ses serviteurs.

« Messieurs, écrivait-il aux ambassadeurs, votre allée à Thérouenne serait dangereuse, car il faudrait que la garnison se délogeât pour vous loger, et, quand la garnison serait dehors, on pourrait faire une piperie. Si M. de Baudricourt quittait Arras, on pourrait en faire une sur Arras. Quant à Aire, c'est trop proche de Calais. A l'égard de ce que vous m'écrivez, que vous avez accordé cela de peur de rupture, n'accordez rien pour un tel motif. Vous êtes bien bêtes, si vous croyez qu'à cette grande assemblée ils veulent conclure quelque chose de raisonnable, car la douairière y est, et pas pour autre chose que tout troubler. D'ailleurs où il y a beaucoup de gens, on se tient toujours en grande fierté et en grandes demandes, et l'on a honte de confesser sa contrainte devant tant de personnes. Vous avez une belle excuse pour Thérouenne. Vos fourriers vous écriront qu'on y meurt le plus fort du monde, et vous ferez façon d'être fort affligés de n'y pouvoir aller. Monsieur du Bouchage, répondez à maître Guillaume de Rochefort que je ne puis raisonnablement envoyer le premier vers le duc d'Autriche. Si je suis long à envoyer vers eux, mon intention est bonne. Si celle du duc d'Autriche est bonne aussi, qu'il envoie de sa part un homme ou deux seulement. Si cet homme ou deux veulent venir dans quelque lieu de ma domination, vous et M. de Solliers vous besognerez avec eux. Alors, vous chercherez tous les moyens qui se pourront trouver pour venir à bonne fin tant d'un côté que de l'autre; alors, on ne se fera point prier pour parler, pas plus les uns que les autres; mais, d'un consentement commun, on s'ouvrira franchement de ce qui semblera bon pour parvenir au bien de la paix et à la bonne amitié, comme si vous étiez tous les quatre au même maître. Par ce moyen vous besogneriez à l'insu de l'autre grande assemblée, qu'on trouverait bien manière de départir. S'il en vient un d'eux vers vous, alors vous, M. de Solliers, vous irez vers eux et vous connaîtrez s'ils peuvent faire quelque chose de bien. Le chancelier de Bourgogne[1] est un de ceux par qui vous entendrez mieux leur volonté; toutefois là où vous trouverez votre avantage, mettez-vous-y. Ils ont la coutume de vouloir qu'on parle le premier, et par là nous perdrions tout comptant; mais sachez les mettre à deviser, et alors par le langage on se découvre. Une longue trêve ou paix serait bonne. J'ai mis paix dans mes instructions, car ils disaient qu'ils ne voulaient point de trêve; s'ils la veulent nommer paix pour un long temps, ce serait tout un. Monsieur du Bouchage, je vous ai écrit d'autres lettres : faites comme vous verrez à l'œil. Au Plessis, le 8 novembre. »

De la sorte rien n'avançait. Le roi ne vou-

---

[1] Maître Carondelet.

lait pas que ses ambassadeurs allassent à Lille où était la douairière. Il se refusait aussi à laisser établir l'assemblée à Thérouenne. Le légat insistait inutilement pour être admis. Tout se passait en messages. Le sire de Genthod et d'autres allaient et venaient portant des paroles qui n'engageaient personne. Le roi aussi envoyait des gens à lui, mais toujours pour essayer de gagner quelques serviteurs du Duc ou pour s'entendre secrètement avec les Flamands.

Du reste, la méfiance était extrême. Les courriers n'allaient qu'avec une escorte. On se donnait des otages les uns aux autres pour le moindre message. Le roi craignait que ses ambassadeurs ne fussent saisis s'ils allaient sur les terres de son adversaire. « Je vous aime mieux libres à Arras, que retenus en otage à Douai, » leur écrivait-il. Depuis l'enlèvement de l'archevêque de Rhodes, il commençait aussi à avoir peur qu'on n'usât de représailles envers le légat. De sorte qu'en le pressant d'accomplir, s'il le pouvait, sa commission auprès du Duc, il lui recommandait de se tenir sur ses gardes; car la douairière était femme à le faire enlever par ses archers anglais, pour le faire emmener en Angleterre. Tout redoublait donc la mauvaise humeur du roi.

« Messieurs, quelque chose que vous ayez débattue, M. de Genthod n'a jamais accepté rien de ce que vous lui avez offert, et ce qu'il a demandé, il y a renoncé lorsque vous l'avez accordé. M. de Genthod et les gens du duc d'Autriche ne vous ont jamais dit deux fois la même chose, mais autant de fois que vous m'avez écrit, c'a été nouveau propos. Si vous êtes si fous d'ajouter foi à chose que vous dit M. de Genthod, parce qu'il est de Savoie et se dit mon serviteur, je vous réponds que ce n'est qu'un allez-y voir. Vous savez bien ce que je lui en ai dit ici; mais dès qu'il est hors de là, il dit pour son excuse qu'il ne peut que répéter ce qu'on lui dit. Or il ne vous dit jamais une chose deux fois. Il lui suffit que je n'ose pas m'en plaindre, à cause de la façon dont il s'est débattu envers moi. Vous savez bien, messieurs du Bouchage et de Solliers, qu'il est devenu très-orgueilleux depuis qu'il s'est mis en œuvre, qu'il laisse mes besognes en arrière et ne s'en soucie guères, pour faire celles, non pas même du comte de Romont, mais du cardinal de Tournai et de tous ceux qui l'en prient. Vous voyez donc bien, sanglantes bêtes que vous êtes, qu'il ne s'agit que de savoir le prier et de n'ajouter foi qu'à ce que vous verrez. A l'égard du légat, ils ont vu qu'il avait pris l'évêque de Rhodes, et voudraient le contraindre à le rendre. Pour l'évêque de Saint-Paul, maintenant archevêque de Vienne, s'il y va, il demeurera pour les gages. Quant à vos allées par-delà et à leurs venues vers vous, je vous ai écrit ce qu'il m'en semble et ce que je veux que vous fassiez. Je ne saurais faire réponse sûre à ce que vous écrivez, car à chaque lettre nouveau propos. Je me tiens à ce que je vous ai écrit dernièrement. Ils mentent bien, mentez bien aussi. Quant au blé, ils n'en auront pas, car ils n'ont pas fait la trêve marchande. Vous ne me mandez pas que vous ayez reçu les lettres où je vous parlais de l'espion. Je serais bien ébahi si elles étaient perdues. A l'égard de la délivrance de Polhein, il n'y a homme qui ait pouvoir là-dessus que M. du Bouchage, et je veux avoir des lévriers et lévrières de Bossut. Adieu, messieurs. Au Plessis, 13 novembre. »

Ces lévriers dont parlait le roi étaient une de ces fantaisies où sa volonté n'était pas moindre que pour de plus grandes affaires. Wolfgang de Polhein, favori du duc Maximilien, prisonnier à la journée de Guinegate, avait été enfermé à Arras, et depuis plus d'un an, le roi ne voulait pas consentir à le délivrer, ni à le mettre à rançon. Le Duc avait plusieurs fois demandé qu'on mît un terme à sa longue détention. Madame Marie en fit même prier le roi, comme d'une chose qui lui tenait au cœur et l'affligeait beaucoup. Enfin un jour que quelques envoyés de Flandre étaient venus trouver le roi à Tours, ils lui parlèrent encore du chagrin qu'avait leur dame et Duchesse au sujet de messire Wolfgang. Il ne répondit rien, mais, à leur départ, M. de Solliers leur dit en confidence que le roi voulait absolument avoir des chiens de M. de Bossut, et que si l'on trouvait moyen de les lui donner, il rendrait la liberté à messire Wolfgang.

A leur retour les envoyés conjurèrent M. de Bossut de vouloir bien se dessaisir de quelques-uns de ses beaux lévriers[1] dont la race était célèbre, et qui était si fort enviée des chasseurs. Cela lui coûta beaucoup. Mais enfin il y consentit, et l'on écrivit aux ambassadeurs du roi d'envoyer prendre les chiens avec un sauf-conduit. Toutefois l'affaire fut long-temps à se terminer, et il s'impatientait à la fois et de ne pas voir avancer les négociations et de ne pas avoir les lévriers.

« Monsieur du Bouchage, écrivait-il, je vous prie de trouver façon que M. de Solliers aille là-bas. Il me semble que c'est le chemin qui vaut le mieux pour nos besognes ; car il n'y a pas d'homme à qui ils fissent plus volontiers plaisir, et par aventure dans son voyage il pourra gagner quelqu'un qui nous fera profit dans nos matières. Mettez la plus grande peine à avoir les lévriers, et je vous donnerai la chose que vous aimez le mieux, qui est argent. Et adieu, monsieur du Bouchage. Aux Forges[2], 20 novembre. Au moins, saurons-nous la vérité des mensonges de M. de Genthod ? »

[1] Lettres manuscrites à la bibliothèque du roi.
[2] Près Chinon.

Outre la méfiance que chaque parti avait de la véritable intention de l'autre, on ne pouvait nullement commencer, tant on différait sur le fond même de l'affaire. Le roi signifiait que, sous aucun prétexte, il ne laisserait mettre en négociation tout ce qui touchait la possession des apanages et seigneuries provenant de la couronne à un titre quelconque. Lui seul, disait-il, en était juge, soit en sa cour de Parlement, soit assisté des trois États du royaume. Le duc Maximilien voulait, au contraire, qu'on ne pût discuter que les acquisitions faites par les traités de Conflans et de Péronne. Il s'assurait de la protection du roi d'Angleterre pour obtenir de telles conditions, et rien ne pouvait l'en faire départir.

Cependant, le roi Édouard continuait à ne prendre ses intérêts qu'avec assez d'indifférence [1]. Le roi Louis était toujours en commerce de courtoisie avec lui. Il venait de lui envoyer par Jean Lefèvre, son secrétaire, procureur au Parlement, une défense de san-

---

[1] Lettre d'Étienne Frison au trésorier de la Toison-d'Or. — Pièces de Comines.

glier de plus d'un pied de longueur et un bois de chevreuil merveilleux pour sa grandeur; car les deux rois étaient tous deux fort occupés de toutes les choses de la chasse. Quant aux ambassades que le roi Édouard envoyait en France pour traiter les affaires et appuyer le duc Maximilien, c'était toujours la même réception flatteuse, les mêmes présens, mais nulle audience pour parler des affaires. Jamais le roi ne chassait si souvent et si long-temps que lorsqu'il avait des ambassadeurs anglais. En même temps il tâchait de les inquiéter en assurant que le duc Maximilien était prêt à traiter avec lui sans l'entremise de l'Angleterre. Il produisait même copie des lettres que ce prince avait reçues du roi Édouard, disant qu'on les lui avait communiquées. Ces confidences ne laissaient pas que de confirmer la renommée de légèreté qu'avait le duc Maximilien, et par là le roi d'Angleterre était détourné de rien entreprendre sur sa foi. Le roi Louis tâchait aussi de nuire à la douairière de Bourgogne dans l'esprit de son frère, en disant que toute sa haine venait de ce qu'elle n'avait pu obtenir de lui qu'il soutînt le duc de Clarence dans ses trahisons.

Enfin, vers la fin de décembre, le légat ne pouvant être admis, ni se mêler de la paix, prit la résolution de retourner à Rome. Après avoir traversé Paris, il se rendit à Orléans, où le roi était venu. Il le trouva vieillissant et déclinant dans sa force et sa santé, d'une façon que chacun pouvait remarquer; toutefois vif encore d'esprit et de volonté.

Il avait à traiter avec lui une affaire à laquelle la cour de Rome tenait beaucoup, et que, depuis plus de dix ans, elle suivait avec patience, c'était la délivrance du cardinal Balue et de l'évêque de Verdun. A son premier passage, le légat avait exhorté le roi à leur pardonner; il lui avait fait peur des jugemens de Dieu, si à sa mort on trouvait un cardinal et un évêque retenus en prison par sa volonté. Pour l'évêque de Verdun cela souffrit peu de difficulté. Il appartenait à une grande famille de Lorraine. Toute la noblesse de ce pays et spécialement le sire Thierri de Lenoncourt, serviteur du roi, prenaient un grand intérêt à lui. Ils se rendirent caution de sa bonne conduite pour l'avenir, et le roi finit par charger le capitaine de la Bastille et Palamède de Forbin, qui se trouvait pour lors à Paris, de le mettre en liberté et de recevoir les engagemens qu'on prenait en son nom.

Quant au cardinal Balue, la bonne volonté était moindre pour lui. Il alléguait sa santé ruinée, disait-il, par sa longue captivité dans une étroite cage. La chose était croyable. Néanmoins le roi voulut le faire vérifier, et envoya son médecin Coittier et le sire de Comines prendre connaissance de l'état du cardinal. Sur leur rapport, il ordonna au chancelier de le faire amener à Orléans, afin qu'il fût livré au légat et remis à la juridiction du pape, sous toutes réserves et protestations convenables. Le cardinal Saint-Pierre promit en effet qu'il serait fait justice de ce qui pouvait être imputé au cardinal Balue. Mais l'affaire en demeura là. Il fut reçu avec grande faveur par le saint père, et quelques années après la mort du roi, envoyé en France comme légat, malgré l'opposition du Parlement.

Ne songeant plus à la guerre ou du moins résolu à la terminer aussitôt qu'il le pourrait avec quelque avantage, le roi tourna ses pensées vers le bien de son royaume et de ses sujets.

Ce fut un sujet d'étonnement[1] pour les plus intimes et les plus confidens de ses serviteurs, qui ne l'avaient jamais vu occupé qu'à augmenter son pouvoir et à tirer de ses peuples le plus d'argent possible. Cependant il avait toujours été dans ses penchans d'aimer que toutes choses fussent bien réglées, et tout absolu qu'il était, il avait goût au bon ordre. Il aurait désiré la prospérité de ses peuples, la richesse du commerce, le travail des ouvriers, sans toutefois renoncer aux impôts qui les accablaient. Il avait institué de belles foires à Lyon et à Caen. Il avait fait de son mieux pour attirer par des priviléges les ouvriers en soie, pour faire planter des mûriers, pour rétablir les fabriques de draps à Arras. Il avait permis que les ecclésiastiques et les nobles se livrassent à toutes entreprises de trafic. Afin d'encourager la navigation, il avait interdit qu'aucune marchandise fût admise dans les ports du royaume, si ce n'était sur navires français.

Les choses nouvelles ne déplaisaient même

[1] Comines.

pas à la vivacité de son esprit, quand il n'y voyait rien contre le maintien de son pouvoir. Bien qu'il ne pût passer pour un prince qui aimât beaucoup les lettres, et qu'il ne fît vraiment pas grand compte des savans, lorsqu'ils n'étaient que savans et sans connaissance des choses du monde, néanmoins ce qui pouvait illustrer son règne était assez de son goût. Il n'était pas de ces rois qui ne veulent avoir grand pouvoir qu'afin d'en jouir en repos, et montrent de la répugnance pour tout ce qui a bruit et mouvement. Si le roi Louis XI voulait être obéi, c'était pour mieux parvenir à ses fins; c'était toujours afin d'accomplir quelque projet qu'il avait en tête; mais il tenait à honneur pour lui et le royaume tout ce qui, sans le contrarier, faisait voir de l'activité ou pouvait faire parler la renommée.

Jamais l'université de Paris n'avait été aussi illustre et fréquentée que sous son règne; on y comptait dix-huit colléges et dix ou douze mille écoliers [1]. Il régnait alors dans toute la chrétienté une ardeur merveilleuse pour acqué-

---

[1] Naudé : addition à l'histoire de Louis XI.

rir du savoir et pour expliquer les anciens livres. Tous les princes s'étaient empressés de donner asile aux savans hommes de la Grèce, que la prise de Constantinople et la barbarie des Turcs avaient chassés d'orient en occident. Ils avaient apporté la connaissance des lettres antiques et le goût de la philosophie. Les plus illustres d'entre eux s'étaient fixés en Italie, soit à Florence, soit à Rome. Mais le roi de France avait aussi fait grand accueil à d'autres dont la renommée était moindre.

François Philelphe, ami de ces savans bannis et gendre de Chrysoloras l'un d'entre eux, lui écrivait : « Encore qu'il me fût bien connu que, comme roi très-chrétien, vous auriez, même sans aucune recommandation, reçu Georges Glizin avec la même bénignité et munificence dont vous avez fait preuve envers tous ceux qui se sont échappés nus et misérables de la terrible ruine de Constantinople, et qui errent maintenant dans tout l'univers contraints à mendier leur pain; cependant je n'ai pu refuser ce bon office à un excellent homme, à un maître renommé, surtout puisqu'il pensait que mes lettres seraient de quelque poids auprès de vous, et sachant d'ailleurs que vous agissez d'une façon trop noble et trop royale pour endurer que qui que ce soit vous demande en vain appui et secours. »

En effet, il y avait déjà en France plusieurs Grecs qui avaient reçu une hospitalité empressée, entre autres Grégoire Typherne et Georges Hermonyme de Sparte. Le roi avait cherché aussi à attirer dans son royaume des gens habiles et de savans docteurs ; sans parler même des astrologues qu'il rechercha toute sa vie, et qu'il s'efforçait d'avoir à son service dès que leur renommée venait jusqu'à lui. Pour ceux-là, il les aimait moins dans le dessein de contribuer à la gloire des lettres dans son royaume, que par la superstition et la confiance qu'il avait en leur art ; et l'on compte qu'il en eut successivement sept à ses gages.

Au milieu de cet amour universel pour les études, et de cette foule d'écoliers, il était simple que la diversité des opinions excitât une grande chaleur. On vit se ranimer avec plus de force que jamais une querelle qui, depuis trois cents ans, divisait les universités et surtout celle de Paris. Dans l'explication de la philosophie d'Aristote, les uns supposaient que chaque attribut, d'après lequel des objets ont pu être classés sous une désignation commune, forme une nature identique, dont la division en individus ne détruit pas l'unité. Pour eux la nature humaine, par exemple, était, malgré la multitude des hommes, aussi indivisible que la nature divine, qui reste unique dans la Trinité. En conséquence, à leurs yeux, chaque qualité était un être qui enfermait dans son existence unique tous les objets où elle pouvait être reconnue. Plus une qualité était générale, plus vaste était son être, plus il embrassait d'objets ; de sorte qu'on aurait pu dire que Dieu et le monde sont un être unique et universel, puisque l'attribut ou l'idée d'existence comprend sous une qualification commune, la plus générale et la plus fondamentale de toutes, la création et son créateur. Ainsi cette philosophie aurait eu pour dernière déduction les opinions qu'on a imputées à Spinosa, et il eût été possible de la taxer de panthéisme ou d'athéisme.

Ce n'était pourtant pas aux réalistes, car ils se nommaient ainsi, qu'on reprochait d'enseigner une doctrine opposée à la foi chrétienne. C'étaient eux au contraire qui avaient toujours porté cette accusation contre les nominaux, leurs adversaires. Ceux-là prétendaient que convertir un attribut en un être général, c'était une création de l'esprit et nullement une réalité, et que l'identité de nature dans les objets classés par une qualification commune était purement nominale. Ils pensaient qu'il n'appartient pas à l'homme d'instituer et multiplier les êtres à sa volonté et sans nécessité. Ils croyaient aussi que la doctrine des réalistes, détruisant pour ainsi dire les individus, c'est-à-dire les êtres réels, pour les confondre avec des êtres généraux et impersonnels, le libre arbitre de l'homme se trouvait atteint par une telle doctrine.

C'étaient les nominaux qui les premiers avaient, par ces objections, élevé la discussion; ils avaient aussi apparu, dans la philosophie et les écoles, comme des novateurs, comme des gens qui voulaient changer l'enseignement établi, et toucher aux autorités. D'ailleurs les termes de leurs argumens pouvaient facilement, ainsi qu'on a pu le remarquer, être taxés de contradiction avec le dogme de la Trinité et avec la présence réelle dans l'Eucharistie; tandis que les réalistes ne voyaient nulle difficulté dans ce qui n'était qu'un cas particulier de leur doctrine générale. Il arriva donc que, presque dès leur origine, les nominaux furent persécutés, et soutinrent habituellement la liberté d'examen et la croyance établie sur la raison.

Le fondateur de la secte avait été un nommé Rosslyn, qui avait enseigné en Bretagne. Abélard son disciple avait mis en grande lumière les opinions nouvelles, et deux fois il avait été condamné par les conciles de Soissons et de Sens. Depuis, les plus illustres et les plus hommes de bien de l'université de Paris avaient été nominaux. Buridan et Ockham, qui s'étaient joints aux adversaires du pape Jean XXII, pour lui reprocher de graves erreurs, et qui avaient soutenu la nécessité de l'appel au futur concile, étaient des nominaux. Le pieux et célèbre Gerson, auteur de l'Imitation de N. S. Jésus-Christ, qui avait si courageusement combattu les détestables doctrines de Jean Petit et son apologie du meurtre, entreprise pour le duc Jean de Bourgogne, était encore parmi les nominaux. Presque tous les docteurs, qui avaient mis le plus de zèle à faire cesser le schisme des deux papes et à réformer l'église, entr'autres le cardinal Pierre d'Ailli et maître Clémengis, appartenaient à cette secte.

Vers l'an 1470, les disputes se renouvelèrent entre les réalistes et les nominaux; toutes les universités de France, de Flandre et d'Allemagne étaient agitées par les controverses les plus vives. L'université de Louvain tenait pour les réalistes; elle envoya à Paris Pierre de Rive, son plus fameux bachelier, avec un procureur muni de la signature de vingt-quatre docteurs, afin de soutenir thèse contre les nominaux de l'université de Paris. L'université de Cologne était aussi de ce sentiment. Le champion de la doctrine contraire était un docteur de Paris nommé Henri de Zomoren. Le combat dura long-temps, et il régnait une grande division dans l'université; elle ne put même parvenir à prononcer en corps un avis doctrinal. Seulement chaque docteur donnait sa signature selon son opinion.

Ainsi que par le passé les plus redoutables argumens se tiraient toujours de la théologie, et chaque parti s'efforçait à montrer que les conséquences de la doctrine opposée étaient impies et blasphématoires. Henri de Zomoren se rendit à Rome et y plaida si bien la cause des nominaux, qu'il était sur le point de faire condamner les réalistes, lorsque ceux-ci, qui, selon l'opinion commune, étaient vaincus dans toutes les conférences, eurent recours à l'autorité du roi. Son confesseur Jean Boucard, évêque d'Avranches, était réaliste et lui représenta que les opinions des nominaux étaient dangereuses pour le maintien de la foi chrétienne. On fit surtout grand bruit d'une thèse où l'on prétendait que les nominaux avaient voulu détourner de leur sens propre les paroles de J.-C. : *Pater meus qui in cœlis est*, qui en effet devaient servir aux réalistes pour prouver l'unité réelle de nature, nonobstant la diversité de personnes.

Le roi, prévenu ainsi par son confesseur et naturellement porté à ne point aimer tant de chaleur parmi tout ce peuple d'écoliers, après avoir pris l'avis d'un grand nombre de docteurs, donna, au mois de mars 1474, un édit, où rappelant l'antique et continuelle renommée de l'université de Paris, et l'enseignement docte et chrétien qu'on y avait toujours puisé, il parlait des gens qui, se fiant trop à leur raison et avides de choses nouvelles, avaient oublié les doctrines solides et salutaires des anciens temps et des docteurs réalistes, pour professer une doctrine vaine et stérile. En conséquence, il enjoignait de se conformer dans l'enseignement aux livres d'Aristote, de son commentateur Averroès, d'Albert-le-Grand, de saint Thomas d'Aquin, de saint Bonaventure, de Scot et autres docteurs réalistes, et il interdisait de mêler désormais l'ivraie au bon grain en riant des livres d'Ockham, de Buridan, de Pierre d'Ailli, d'Adam Dorp, d'Albert de Saxe et semblables nominaux. L'université de Paris et les autres écoles du royaume avaient ordre de se conformer à cet édit; nul ne devait recevoir de grades sans préalablement faire serment de l'observer; le Parlement devait l'enregistrer et le publier, et le faire transcrire sur les registres de l'université. Tous ceux qui y contreviendraient devaient être chassés, non-seulement de l'université, mais de la ville de Paris, et subir même de plus grosses peines. Enfin, le Parlement avait ordre de se faire apporter et de saisir, même chez les professeurs et écoliers, les livres des nominaux, pour les garder sous inventaire jusqu'à plus mûr examen.

Cet édit obtint les louanges de beaucoup de gens savans, qui ne tenaient même en rien aux réalistes ; car il y avait de jour en jour un plus grand nombre d'écoliers et même de docteurs qui, s'attachant à la rhétorique, aux belles-lettres, aux charmes de l'éloquence et de la poésie antiques, commençaient à dédaigner la philosophie subtile des écoles, et à lui imputer de retenir les esprits dans la barbarie. Tous ceux-là se raillaient un peu des querelles des réalistes et des nominaux, comme on peut le voir par cette lettre de maître Robert Gaguin, général des Mathurins et l'homme de France qui passait pour écrire le mieux en latin, à maître Guillaume Fichet, célèbre professeur de rhétorique à l'université de Paris, pour lors en voyage à Rome :

« Si je croyais que vous prenez quelque

plaisir à mes récits, je vous parlerais des disputes de nos philosophes et de nos docteurs, touchant les hérésies ou plutôt les sectes des réalistes et des nominaux. Ce sont querelles souvent ridicules, mais qui dégénèrent parfois en scènes de gladiateurs. La chose en est venue au point qu'on a exilé et relégué les nominaux comme des lépreux; si bien que le roi Louis vient d'ordonner que les livres de leurs plus célèbres auteurs restent sous clef et comme enchaînés dans les bibliothéques, pour qu'il n'y soit plus regardé, et afin de prévenir le crime d'y toucher. Ne diriez-vous pas que ces pauvres livres sont des furieux ou des possédés du démon, qu'il a fallu lier pour qu'ils ne se jettent pas sur les passans ? »

Les livres des nominaux demeurèrent ainsi enfermés et interdits durant sept ans; puis il fut de nouveau permis de les étudier.

Peu de temps après que le roi eut ainsi employé son autorité à étouffer les querelles des écoles, il donna la preuve que du moins il n'était pas ennemi des lettres et qu'il voulait favoriser les études. Il y avait peu d'années qu'on avait découvert à Mayence le moyen d'imprimer des livres. Cette belle et nouvelle invention commençait à se répandre; déjà même trois ouvriers allemands, Ulrich Geringen, Martin Crantz et Michel Friburger, attirés par Guillaume Fichet, professeur de l'université, étaient venus dès 1470 établir leur atelier au collége de Sorbonne. Trois ans après, Pierre Cesaris et Jean Stoll se séparèrent de cette première imprimerie où ils travaillaient et en établirent une seconde.

C'était une joie parmi les savans et les écoliers; chacun disait dans les écoles qu'il ne faudrait plus tant d'argent pour avoir des livres, et que maintenant les pauvres pourraient étudier aussi-bien que les riches. Néanmoins les ouvriers n'étaient pas encore fort habiles, ni très-expéditifs. Les livres ne s'imprimaient pas vite, et l'on n'en tirait pas un grand nombre d'exemplaires. Guttemberg, Faust et Scheffer, qui avaient publié les premiers livres à Mayence, avaient travaillé beaucoup d'années, et tenté de nombreux essais avant de pouvoir fondre et assembler les caractères d'impression. Leur atelier subsistait toujours; mais Faust et Guttemberg étant morts, Pierre Scheffer s'était associé avec un nommé Hans Conrad Ganslich. Pensant que leurs livres ne se vendraient nulle part aussi bien qu'à Paris, capitale d'un aussi grand royaume que la France, et siége d'une illustre université, ils en avaient envoyé une certaine quantité et avaient chargé de les vendre, à leur compte, un écolier de leur pays, nommé Herman Stateren. Il vint à mourir; ses biens et effets appartenaient au roi par droit d'aubaine. L'université mit opposition, et l'affaire fut portée au Parlement.

L'université disait qu'une partie des livres était déjà vendue à divers écoliers, et quant aux autres, elle requérait que la vente s'en fît publiquement et à Paris. Les exécuteurs testamentaires de Herman Stateren alléguaient qu'il était facteur et non possesseur des livres, qui étaient encore au compte de Scheffer et de Ganslich. Le Parlement statua que les livres seraient restitués à ceux des sujets du roi qui justifieraient les avoir achetés, et que, quant aux autres, ils étaient au roi, comme confisqués sur des bourgeois de Mayence, ville alliée au duc de Bourgogne. C'était aussi ce que précisément en même temps le roi avait décidé de sa propre autorité, défendant au Parlement d'en connaître.

Mais Scheffer et son associé étaient des gens fort connus et protégés. L'empereur et l'électeur de Mayence écrivirent pour leur faire rendre leurs livres. D'après ces recommandations et aussi en considération de la peine et labeur que les exposans avaient pris pendant une grande partie de leur vie, pour l'art et industrie de l'impression d'écriture, vu le profit et l'utilité qui devaient en revenir à la chose publique, tant par l'augmentation de la science qu'autrement, le roi ordonna que deux mille quatre cent vingt-cinq écus d'or seraient payés à Scheffer et Ganslich pour prix de leurs livres.

Quelle que pût être la faveur que le roi accordait soit à l'accroissement du commerce et des fabriques, soit à la gloire des études, ce n'était pourtant pas de ce côté qu'il avait tourné ses pensées, depuis qu'il avait fait le projet de renoncer à la guerre. Il voulait surtout employer le loisir de la paix et la dernière part de sa vie à établir une bonne et régulière police dans le royaume. Il souhaitait ce qui était déjà depuis long-temps le désir des peuples, n'avoir qu'une seule et même coutume dans le royaume. Il avait intention de faire rassembler les coutumes particulières dans chaque province et dans chaque lieu, de choisir les meilleures, et d'emprunter même aux pays étrangers celles qui pouvaient être sages et justes. Déjà même il avait ordonné qu'on se procurât les coutumes de Florence et de Venise [1]. Puis de tout cela il eût fait faire un beau livre écrit en français [2], où chacun des sujets eût pu lire et connaître son droit. Il se réjouissait à penser qu'on pourrait ainsi empêcher les ruses et les pilleries des avocats, qu'il trouvait plus grandes en France que partout ailleurs. Son dessein était encore qu'il n'y eût dans tout le royaume qu'une seule monnaie, un seul poids, une seule mesure. Tels étaient les sujets de ses entretiens. Et lui, qui n'aurait pas enduré patiemment qu'on lui remontrât un seul des abus de son gouvernement, songeait à les réformer, pourvu que tout provînt de lui et de son unique autorité. Aussi, tout en voulant que chacun désormais trouvât

[1] Lettre à M. du Bouchage.
[2] Comines.

bonne et facile justice, sa principale idée était de brider le Parlement; il l'avait en grande haine. Souvent il s'en était servi; parfois il avait trouvé commode d'alléguer ou même de provoquer sa résistance contre des volontés feintes; dans plus d'une occasion il avait, par ruse, proclamé la libre autorité de cette cour souveraine, et l'avait ainsi rendue plus grande. Il était même trop sage pour ne pas connaître qu'il fallait lui laisser un pouvoir considérable[1]; et pourtant il gardait en même temps rancune au Parlement de tous les obstacles qu'il avait pu mettre à ses volontés véritables et passionnées : il semblait qu'il le voulût à la fois puissant et docile.

Mais le roi ne pouvait plus apporter à l'exécution de ces nouveaux desseins l'activité qu'il avait montrée autrefois. La santé commençait à lui manquer; d'ailleurs sa méfiance et ses craintes, qui croissaient de jour en jour, s'emparaient de la plus grande part de ses pensées et de son temps. Ce château du Plessis, que son père avait souvent habité, et qui se nommait

[1] Comines.

pour lors Montils-lèz-Tours, était peu à peu devenu un séjour de solitude et de tristesse. Il l'avait fait entourer d'une grande enceinte, d'où lui était venu son nouveau nom [1]; ensuite il avait fait placer tout autour un treillage en barreaux de fer; c'était sans cesse nouvelles fortifications, et l'on voyait aussi s'augmenter de plus en plus le nombre des archers qui gardaient le château. Depuis l'assassinat du duc de Milan et la conjuration de Florence, le roi s'occupait de sa propre sûreté avec cet esprit sans repos et imaginatif qu'il avait toujours porté en toutes choses. Il avait même réglé qu'un page le suivrait partout tenant un épieu pour le lui présenter au besoin, et la nuit, pendant qu'il dormait, l'arme était appuyée au chevet de son lit. Les moindres rapports, les plus légers indices lui donnaient des soupçons contre ses serviteurs, tant les grands que les petits.

Toutefois il avait, comme toujours cela avait été sa coutume, une sorte de confiance, en

---

[1] Plessis, originairement lieu clos de palissades ou de haies, puis de murs.

apparence facile et soudaine, pour des hommes dont il n'avait point encore usé; et, s'imaginant que les autres princes étaient mieux servis que lui, sa faveur se plaçait tout à coup sur ceux de leurs serviteurs qu'il avait gagnés. C'est ce qu'on voyait en ce moment où son armée et le sort de la guerre étaient entre les mains de M. d'Esquerdes, si long-temps conseiller du duc de Bourgogne.

Il se conduisait ainsi même pour la garde de sa personne. Il avait créé une seconde compagnie des gardes, comme celle des Écossais, et lui avait donné pour capitaine Claude de la Châtre [1]. Ce gentilhomme avait été un des plus dévoués partisans du duc de Guyenne. Après la mort de ce prince, le roi avait persécuté le sire de la Châtre et l'avait tenu quelque temps en prison. Tout à coup il l'envoya chercher, et lui demanda s'il avait volonté de le servir aussi loyalement que son frère. Claude de la Châtre répondit que sa fidélité envers son premier maître était garant de la foi qu'il garderait au

[1] Mathieu.

second. Pour lors le roi lui délivra une commission pour former la nouvelle compagnie de cent gentilshommes qu'il voulait attacher à la garde de son corps; puis, comme il savait que madame de la Châtre avait du pouvoir sur l'esprit de son mari et s'était montrée fort courroucée des persécutions exercées contre lui, il ajouta : « Écoute, capitaine Claude, quand
» les femmes en veulent à quelqu'un, elles sont
» mauvaises. Je sais que la tienne eut grand'-
» peur quand le compère Tristan t'alla pren-
» dre. Dis-lui qu'elle ne me veuille pas de mal
» pour cela, et donne-lui de ma part cette
» paire de gants parfumés, avec cinq cents
» écus qui sont dedans. Pour toi, je te donne
» une de mes bonnes mules, afin de te por-
» ter plus à ton aise, et reviens dans trois
» mois avec ta compagnie. »

Cependant le roi n'était pas encore assez malade et affaibli pour ne pouvoir prendre l'exercice et le mouvement dont il avait l'habitude et le besoin. Il continuait à se livrer avec ardeur au plaisir de la chasse; faisant de longues courses sur les marches de Touraine, de Poitou et d'Anjou; passant plusieurs jours hors de son château du Plessis; couchant dans de méchans villages, ou bien allant prendre gîte dans quelques châteaux de ces pays, comme à Argenton, chez le sire de Comines. Le mauvais temps ne l'arrêtait point; il se fatiguait sans paraître y prendre garde, ne quittait jamais la chasse que le cerf ne fût forcé, conduisant tout lui-même; car personne dans le royaume ne s'entendait mieux que lui aux choses de la vénerie. Là, comme ailleurs, il était rude et difficile à servir. Quand il y avait quelque défaut ou que la chasse n'allait pas à son gré, c'était toujours à l'un de ses serviteurs qu'il s'en prenait, et il rentrait le soir rompu et d'assez mauvaise humeur.

Vivant, pour ainsi dire seul au Plessis, sans la reine, sans ses enfans, ne voyant guères que ses conseillers qui avaient leur logis, non au château, mais à Tours, il s'occupait aussi, dans les intervalles que lui laissaient les affaires, de son parc, de ses ouvriers, du train intérieur de sa maison. Il avait fait venir de Flandre des vaches et une laitière, les avait établies près de lui, et faisait faire sous ses yeux le beurre et le fromage. Il aimait à se familiariser avec les petites gens, à deviser sans façon avec eux, se plaisant à les mettre à leur aise, tout autant qu'à troubler les grands par ses menaces ou ses railleries. Un jour étant descendu dans les cuisines, il y trouva un petit garçon qui tournait la broche; cet enfant ne le connaissait pas. « Que gagnes-tu »? lui dit-il.—« Autant que le » roi, répondit l'enfant; lui et moi gagnons » notre vie : Dieu le nourrit et il me nourrit. » La réponse lui plut; il le tira de la cuisine, l'attacha au service de sa personne et lui fit beaucoup de bien.

Une autre fois, sur la parole de son astrologue qui lui avait prédit le beau temps, il était allé à la chasse. Quand il fut au bois, il rencontra un pauvre homme qui touchait son âne chargé de charbon. On lui demanda s'il ferait beau, et il annonça qu'il tomberait assurément une grande pluie. Lorsque le roi fut rentré bien trempé, il fit venir le charbonnier : « D'où vient, dit-il, que tu en sais plus » que mon astrologue? » — « Ah! sire, dit ce- » lui-ci, ce n'est pas moi, c'est mon âne; » quand je le vois se gratter et secouer les » oreilles, je suis bien sûr qu'il y aura de

» l'eau. » Pour lors ce fut un grand sujet de moquerie pour le roi, qui reprochait à son astrologue d'en savoir moins qu'un âne. Mais tout en plaisantant ses astrologues et ses médecins, il ne pouvait pas plus se passer des uns que des autres. La crainte de l'avenir et de la mort ne le quittait guères; il cherchait à se rassurer et à se faire dire par eux de bonnes paroles qu'il s'efforçait de croire.

Un autre de ses passe-temps, et il s'y était toujours livré depuis sa jeunesse, lorsqu'il était de loisir, c'était de rester long-temps à table, à parler tout à son aise, à raconter des histoires, à en faire dire aux convives, et à se gausser des uns et des autres. Il ne lui fallait pas grande et noble compagnie; à défaut de ceux de ses serviteurs et de ses conseillers avec qui il était familier, comme les sires du Lude, d'Argenton, du Bouchage, il faisait asseoir près de lui des bourgeois et des gens de moindre condition, lorsqu'il les avait pris en gré. Un riche marchand de la ville de Tours, qu'on nommait maître Jean, souvent avait été ainsi admis à la table du roi qui le traitait au mieux, et conversait avec lui. Cet homme imagina de demander des lettres d'anoblissement. Quand il les eut, il revint se présenter devant le roi, vêtu comme un seigneur. Le roi lui tourna le dos; puis le voyant surpris, il lui dit : « Vous étiez le premier mar» chand de mon royaume, et vous avez voulu » être le dernier gentilhomme. »

Tout railleur qu'il était, le roi savait endurer la réplique, et aimait les réparties vives et soudaines, lors même qu'elles s'adressaient à lui. Ayant rencontré l'évêque de Chartres monté sur une superbe mule, avec un harnais doré, il lui dit : « On voit bien que nous ne sommes » plus au temps de la primitive Église, quand » les évêques montaient, comme Notre-Sei» gneur, sur une ânesse garnie d'un licou. »— « Ah! sire, reprit l'évêque, n'était-ce pas du » temps où les rois étaient pasteurs?»

Mais cette vie plus sédentaire que par le passé qu'il menait au Plessis, et les projets qu'il formait sur la police de son royaume ne lui faisaient pas oublier qu'avant tout il fallait obtenir une bonne paix. Quelque désir qu'il en eût, il n'était nullement disposé à l'acheter par des sacrifices, et tenait, sans vouloir aucunement s'en départir, aux conditions qu'il avait chargé ses ambassadeurs de soutenir. Comme le duc Maximilien ne vouloit point les accorder, les négociations n'avançaient point. Il fallait donc continuer à se préparer à la guerre, sinon pour la faire vivement, pour livrer des batailles ou attaquer des villes, du moins pour en imposer à l'ennemi. Le roi s'en occupait avec autant de diligence que s'il avait encore eu des projets de conquêtes, car il voulait toujours être prêt pour toute occasion.

Il importait surtout de remettre l'ordre dans son armée; elle devenait de plus en plus lourde et cruelle aux pays où elle se tenait et aux provinces du royaume où elle passait. C'étaient tantôt les gendarmes d'ordonnance, tantôt les nobles du ban et de l'arrière-ban, tantôt les hallebardiers de la garde, tantôt les francs-archers, qui allaient et venaient d'une contrée à l'autre, vivant sur le pauvre peuple. Les lourdes tailles qu'on levait chaque année étaient, disait-on, pour soudoyer les gens de guerre [1], et cependant ils étaient logés chez le labou-

---

[1] États de 1483.

reur, lui prenaient son repas et son lit, le faisaient coucher par terre, ou le chassaient de sa maison à force de coups, puis le lendemain lui emmenaient ses chevaux ou ses bœufs. Parmi tant de motifs de plainte et de souffrance, il n'en était peut-être pas de plus grave.

Le changement que le roi avait apporté aux sages ordonnances de son père était une des principales causes de ce désordre. Lorsque, sous le roi Charles VII, on avait voulu défendre le peuple contre les excès des gens de guerre, il avait été soigneusement réglé que leurs crimes et délits seraient du ressort des juges ordinaires. Le roi, toujours jaloux de son autorité, avait remis cette juridiction aux prevôts et commis des maréchaux, qui, durs pour le pauvre peuple et indulgens pour leurs hommes, ne les trouvaient jamais en faute. C'était une sorte de complète impunité [1].

Le roi ne chercha point là le remède à un si grand mal; il y vit surtout l'occasion d'ac-

---

[1] États de 1483. — Amelgard.

complir ce qu'il projetait depuis long-temps.
Ceux de tous les hommes de guerre qui
avaient le moins de discipline, étaient les
francs-archers. Depuis la bataille de Guinegate, il leur en voulait; d'ailleurs ces francs-
archers, choisis dans chaque paroisse et en-
tretenus à ses frais, devaient y rentrer à la
paix, et, selon les règlemens, y rester armés.
C'était un sujet d'inquiétude pour le roi qui n'i-
gnorait pas combien son autorité était odieuse,
et qui, malgré la grande soumission des peuples, avait parfois à réprimer des émeutes. Il
savait ses sujets mécontens [1], chatouilleux et
disposés à profiter des occasions pour regagner
quelques libertés. Il lui était plus sûr et plus
commode d'avoir des Suisses, et en même
temps il les croyait meilleurs soldats et plus
disciplinés. Il cassa donc les francs-archers,
convertit en une taxe de quatre livres dix sous
par mois les frais que faisaient les paroisses pour
l'entretien de chaque homme. Il permit aussi
aux gentilshommes de s'exempter de l'arrière-
ban en payant une certaine somme. Avec cet

[1] Comines.

argent, il leva autant de Suisses qu'il put s'en procurer. Vers le commencement de l'année 1481, il en avait plus de huit mille.

Une autre cause des méfaits des gens de guerre était la rapacité des capitaines qui ne songeaient qu'à leur fortune, commettaient partout de criantes exactions, et souffraient le désordre, dont ils donnaient ainsi le premier exemple. Mais c'était chose difficile de soumettre à la règle des gens si puissans; il fallait les ménager. Dans un temps de trahisons, lorsque le royaume était rempli de mécontentement et de murmures sourds, le roi, tout jaloux qu'il était de son pouvoir, était contraint d'endurer le déréglement des chefs de son armée. Il voulut faire rendre compte à M. d'Esquerdes, qui avait levé et reçu beaucoup d'argent, sous prétexte de gagner des partisans au roi et de lui faire ouvrir les portes des villes. Quand M. d'Esquerdes vit qu'on le pressait de la sorte, il répondit : « Sire, avec cet argent » j'ai acheté Arras, Hesdin et Boulogne : qu'on » me rende mes villes, je rendrai l'argent. » — « Pâques-Dieu, répondit le roi, il vaut donc » mieux laisser le moustier où il est. »

Les négociations qui pouvaient jeter le duc Maximilien dans l'embarras, et lui attirer de nouveaux ennemis, n'étaient pas plus négligées que les préparatifs de guerre. Au mois de janvier, le roi conclut[2] une alliance qui pouvait lui devenir fort utile. Ladislas, roi de Bohême, fils de Casimir, roi de Pologne, avait par sa mère des droits au duché de Luxembourg[3]; il entreprit de les faire valoir. Le roi, qui n'avait plus ni l'esprit ni le désir de conquérir cette province, ne manqua pas d'encourager le roi de Bohême. Il fut réglé que tous deux attaqueraient à la fois le Luxembourg, et que si, après un mois, le pays n'était pas entièrement soumis, les troupes du roi de Bohême seraient pour tout le reste de la campagne à la solde du roi de France.

Cependant le légat était resté en France, et le roi s'efforçait toujours de faire servir l'autorité du pape à son profit dans la conclusion de la paix. A cet effet, il envoya une solennelle ambassade à Rome, pour dé-

---
[1] L'année commença le 22 avril.
[2] Legrand.
[3] Tome VII, pag. 132.

clarer que s'il ne venait pas au secours de l'Italie menacée par les Turcs, qui, déjà, s'étaient emparés d'Otrante, la faute ne pouvait lui en être imputée; et que si on ne lui faisait pas une injuste guerre, il y enverrait tout aussitôt son armée, à supposer que sa santé ne lui permît pas d'y venir lui-même en personne.

Le duc Maximilien, de son côté, cherchait à se faire des alliés et à se servir de leur appui pour traiter. Il se plaignait hautement que le roi Louis ne voulait entendre à aucune paix ou appointement raisonnables [1]. Il y eut à Metz, sur sa demande, une assemblée des princes d'Allemagne; mais l'empereur avait si peu de crédit et tant d'indolence, que rien ne fut résolu pour aider son fils le duc Maximilien.

Son principal recours était l'Angleterre, où, grâce à la duchesse douairière et à la haine des Français, il avait un parti considérable. Mais le roi Édouard lui témoignait toujours plus de bienveillance que d'empressement. Vainement

---

[1] Instruction aux ambassadeurs. Pièces de Comines.

il lui faisait sans cesse représenter par ses ambassadeurs que jamais l'occasion n'avait été plus favorable pour une descente en France; que les sujets du roi Louis étaient tellement foulés par les excessives tailles si rigoureusement exigées, qu'ils n'avaient pas un plus grand désir que de se mettre hors de son pouvoir et de sa seigneurie, et qu'ils désiraient retrouver la liberté que leur avait jadis accordée le roi Henri V. Ils ajoutaient que les princes et les grands seigneurs de France avaient été et étaient encore si maltraités, qu'il serait facile de les émouvoir et de les faire déclarer. En outre, on trouverait peu d'obstacles pour arriver promptement jusqu'à Rheims, et une fois sacré, le roi Édouard aurait un bien plus grand parti. Mais il fallait venir de sa personne et avec de grandes forces, comme avait fait jadis le roi Édouard III, qui, le premier, avait disputé la couronne de France.

Le duc Maximilien n'oubliait rien de ce qui pouvait tenter le roi d'Angleterre; il lui offrait d'avance la cession de ses droits sur Boulogne, Montreuil, le comté de Ponthieu, Péronne, Montdidier, et les villes de la Somme. Si, au lieu de prétendre au royaume et de marcher sur Rheims, le roi aimait mieux conquérir la Normandie, le Duc consentait à l'y aider.

Mais le roi Édouard restait froid à toutes ces grandes espérances. Il offrait son appui pour obtenir une bonne paix, engageait le Duc à continuer les négociations, et ne faisait nul préparatif de guerre. Entre autres conseils, il lui en donnait un fort sage et facile dans son exécution : c'était de s'allier et de faire en tout cause commune avec le duc de Bretagne. Le comte de Chimai fut envoyé à ce prince, pour passer de là en Angleterre. En même temps on préparait tout en Flandre pour envoyer le cardinal-évêque de Tournai en solennelle ambassade à Rome, afin de prévenir le mauvais effet de toutes les démarches du roi Louis sur le saint père.

Ainsi le roi réussissait, selon son désir, à empêcher l'Angleterre de prendre parti pour le duc Maximilien. Comme c'était pour le moment son seul péril, c'était aussi son principal soin. Le roi Édouard et lui s'envoyaient sans cesse des ambassades. Le roi alla vers le mois de février en recevoir une à Château-

Regnault. Peu auparavant le duc Maximilien, ne se voyant point activement secouru, avait été contraint à demander une prolongation des trêves. Ses embarras s'accroissaient de jour en jour par les mécontentemens des Gantois et des autres bonnes villes de Flandre. C'était sur cela que le roi comptait le plus pour avoir de bonnes conditions; par de secrètes pratiques il s'efforçait de traiter avec les sujets du Duc plutôt qu'avec lui.

Les choses en étaient là au mois de mars 1481. Le roi était venu passer quelques jours aux Forges dans la forêt de Chinon, afin de faire des chasses. Un dimanche, après avoir entendu la messe à une petite paroisse qu'on nomme Saint-Benoît du Lac-Mort, il s'était fait servir à dîner dans ce village. Tout à coup il fut pris d'une attaque d'apoplexie; ses membres perdirent le mouvement, et il demeura sans parole et sans connaissance. On le leva de table, on l'approcha du feu; il semblait vouloir qu'on ouvrît les fenêtres; mais on se garda de le faire. Bientôt arriva maître Angelo Catho, ce médecin qui avait servi le duc Charles, et que le roi s'était attaché; il fit tout aussitôt ouvrir les fenêtres, et donner de l'air. Après quelques remèdes la connaissance revint, et un peu la parole. Moitié par gestes, il parvint à se faire comprendre, et demanda qu'on lui allât chercher son confesseur à Tours et monsieur de Comines à Argenton, qui n'est pas fort loin de Chinon.

Quand il fut un peu remis, on le plaça sur son cheval, et on le ramena aux Forges. Maître Adam Fumée, ancien médecin du roi Charles VII, puis d'autres médecins, arrivèrent. M. de Comines vint aussi en toute hâte. Le roi parut satisfait de le voir. Il ne semblait point souffrir, mais sa tête était comme embarrassée, et il ne pouvait pas bien prononcer. Il fit signe qu'il voulait être servi par M. de Comines, et qu'il couchât en sa chambre. Au bout de trois jours le sens et la parole revinrent peu à peu. Pour se confesser, il avait fallu que M. de Comines expliquât au prêtre ce qu'il voulait dire. Du reste, sa confession ne fut pas longue, car il se confessait toujours une fois par semaine, afin de pouvoir toucher les écrouelles, ce que les rois de France ne peuvent faire sans s'être confessés : aussi était-il fort loué de cette charité envers les pauvres malades [1].

Il retourna bientôt au Plessis, et commença à se remettre. Le premier usage qu'il fit de son sens et de sa parole, lorsqu'il les eut un peu recouvrés, fut de s'enquérir qui l'avait tenu par force, lorsque son mal l'avait pris, et l'avait empêché d'aller à la fenêtre. Il les chassa tous de sa maison, et déclara qu'ils n'eussent jamais à se présenter devant lui, entre autres Jacques d'Épinai, seigneur d'Ussé, et le sire de Champeroux.

On s'étonna beaucoup de cette fantaisie, car c'étaient de fidèles serviteurs, et ils avaient cru bien faire. Mais, disait-on, les princes ont leurs idées, et ceux qui en veulent juger n'en comprennent pas les motifs. D'autres se rappelaient combien il était ombrageux dans tout ce qui touchait à sa volonté, et pensaient qu'il était offensé de ce qu'on l'avait ainsi tenu et contraint par force. On se souvenait de l'avoir souvent entendu parler avec blâme de la violence faite à son père, à qui les médecins

---

[1] Comines.

avaient introduit de la nourriture en la bouche, malgré qu'il en eût, sans pour cela lui avoir sauvé la vie. Au reste, ce n'était peut-être que méfiance; ayant su que les médecins avaient rouvert les fenêtres, il avait pu penser qu'on les avait tenues fermées à mauvaise intention.

Il n'attendit pas long-temps non plus avant de s'informer des affaires du royaume. Louis d'Amboise, évêque d'Albi, le maréchal de Gié et le sire du Lude s'étaient chargés de recevoir et d'expédier les dépêches; mais voyant que le roi se guérissait, ils ne décidaient pas grand'chose, et répondaient timidement sur tout; songeant qu'avec un tel maître il fallait marcher droit, et ne rien prendre sur soi. Toutefois, craignant l'effet qu'une telle nouvelle allait avoir sur l'esprit des peuples, ils avaient suspendu le paiement d'une nouvelle taille, qui venait d'être mise à la persuasion de M. d'Esquerdes, pour les équipages de l'armée et les préparatifs de la guerre.

Le roi, après avoir passé à peine dix jours sans s'occuper des affaires, demanda qu'on lui montrât les lettres qu'il avait reçues et celles qui arrivaient. Le sire de Comines les lui lisait; mais il était encore si faible qu'il ne pouvait pas bien les suivre. N'importe, il faisait semblant de les entendre, puis les prenait à sa main, feignait de les lire, disait quelques paroles pour faire connaître sa volonté, et encore qu'elles n'eussent pas toujours beaucoup de sens, on les écoutait en grande apparence de respect. En quinze jours il fut tout-à-fait remis, aussi sensé, et parlant aussi bien qu'auparavant, mais faible, agité et inquiet du retour de son mal; d'autant qu'il était aussi porté à mépriser les conseils des médecins qu'empressé à les leur demander.

Tout reprit donc son cours accoutumé, et l'on continua à s'occuper des négociations et des préparatifs de la guerre. Pendant la maladie du roi, il lui avait été envoyé une ambassade de l'empereur Frédéric; mais, après avoir entretenu quelque temps les ambassadeurs de l'espérance de faire la paix, on leur laissa voir qu'on ne se départirait en rien des conditions proposées, et ils partirent pour la Flandre. D'autres ambassadeurs du célèbre Mathias Corvin, roi de Hongrie, étaient venus pour proposer au roi une alliance, mais ils n'avancèrent pas au delà de Metz. Le roi de Hongrie s'était illustré par ses guerres, soit contre les Turcs, soit contre l'empereur Frédéric. Il eût pu être un allié utile, mais il était fort éloigné ; d'ailleurs ce n'était pas en un tel moment que le roi, affaibli et malade, et occupé de sa querelle avec l'héritière de Bourgogne, aurait pu prendre part à une guerre contre les Turcs.

Les ambassadeurs qu'il avait envoyés à Rome y avaient reçu un grand accueil. Aux protestations de bonne volonté faites de la part du roi, le pape répondit par une bulle qu'il fit porter en France par l'évêque de Sessa et par une suite nombreuse d'illustres et doctes ecclésiastiques.[1] Le roi les reçut avec une solennité extraordinaire dans son château du Plessis, entouré de presque tous les princes de son royaume, et des principaux seigneurs et conseillers. L'évêque de Sessa annonça que le saint père, afin d'arrêter les progrès des Turcs en Italie, ordonnait une trêve de trois

[1] Pièces de Comines.

ans entre tous les princes chrétiens, et envoyait à chacun d'eux des nonces pour leur signifier sa bulle.

Le roi la reçut, se retira dans une chambre pour en délibérer avec les seigneurs et conseillers, puis rentra et prit la parole. Il loua très-fort le courage et le zèle du saint père, promit de s'employer de bon cœur pour la défense de la religion, et d'obéir à la bulle s'il était assuré que ses ennemis en fissent autant. Mais il ne serait pas juste, ajouta-t-il, que cette bulle le contraignît à rester en paix, tandis qu'on lui ferait la guerre. L'évêque de Sessa répliqua que le pape saurait bien y forcer les autres princes par des censures ecclésiastiques. Alors le roi termina en disant qu'il ferait savoir plus en détail ses intentions au légat.

Dès le jour même, le sire de Beaujeu, le chancelier, l'évêque d'Albi, les sires de Curton, de Saint-Pierre, de Forbin, et le seigneur de Château-Guyon, qui avait passé au service du roi, allèrent trouver le cardinal de Saint-Pierre, qui logeait à Tours. Ils lui dirent qu'en ce moment on menaçait le Roi de trois guerres : avec l'Angleterre, bien qu'il eût fidèlement entretenu la trêve; avec le roi de Castille, son allié, ce qu'il ne pouvait croire, et enfin avec le duc Maximilien. Là-dessus ils reprirent ce qui avait été dit si souvent, que le roi n'était pas agresseur, mais que le duc d'Autriche et sa femme s'étaient faits ses ennemis après le feu duc Charles; que l'empereur, au lieu de pacifier la chrétienté comme c'était son devoir, et d'entretenir ses anciennes alliances avec la France, s'était montré partial. Ainsi, le roi, disait-on, ne devait, sous prétexte de paix, laisser piller et envahir ses provinces. Il fallait donc avant tout écrire aux divers nonces pour qu'ils fissent connaître la véritable intention des princes auprès de qui ils se rendaient. Le légat remercia le roi de son respect et de son obéissance pour le saint siége. Il ne pouvait, disait-il, écrire aux nonces, car la plupart lui étaient inconnus, mais il allait envoyer un courrier au saint père pour qu'il se fît rendre compte de l'intention des princes de la chrétienté.

Bien que le pape, sans offenser le roi, se montrât peu diligent à servir ses desseins, le duc Maximilien ne voulut pas négliger de se justifier près de lui, et, en l'assurant de son obéissance, il lui rappela longuement toutes les preuves de zèle que la maison de Bourgogne avait toujours données au saint siége, même lorsqu'il avait fallu le défendre contre le roi Louis; notamment lorsqu'à Lyon il avait fait arrêter le même cardinal de Saint-Pierre, aujourd'hui si favorable à la France.

Mais la maladie du roi avait plus que toute autre circonstance relevé l'espoir du duc Maximilien. Le bruit de sa mort avait été répandu partout, et particulièrement en Flandre; et lorsqu'on avait appris la fausseté de cette nouvelle, on avait su en même temps qu'elle tarderait peu à être véritable, tant le roi restait faible et malade. C'était une raison pour presser le roi Édouard, et pour lui montrer l'occasion plus propice encore. Il y trouvait de son côté un argument de plus pour autoriser son indolence, et répondait au duc Maximilien qu'il n'y aurait pas long-temps à attendre la mort du roi Louis [1]. En conséquence il lui conseillait de prolonger les trêves, et lui promettait un secours de cinq mille combat-

---

[1] Pièces de Comines.

tans, dans le cas seulement où il ne pourrait obtenir de trêves.

Le duc de Bretagne se montrait plus décidé. Dès le 16 avril il fut signé à Londres, par le prince d'Orange et le comte de Chimai, ambassadeurs de Bourgogne, et les sires de Parthenai et de Villecon, ambassadeurs de Bretagne, un traité d'alliance [1], par lequel le duc de Bretagne s'engageait à solder deux mille archers parmi les cinq mille que le roi d'Angleterre promettait au duc d'Autriche, et à faire dorénavant cause commune.

En même temps le duc de Bretagne resserrait ses liens avec l'Angleterre. Le 10 de mai, ses ambassadeurs passèrent un contrat de mariage entre le prince de Galles et mademoiselle Anne de Bretagne, sa fille aînée; stipulant en même temps que si le premier fils du roi d'Angleterre venait à mourir, le second épouserait la fiancée de son frère ; comme aussi, à défaut de mademoiselle Anne, le prince de Galles prendrait pour femme Isabelle, seconde fille du duc de Bretagne. Le

---

[1] Pièces de Comines.

duché de Bretagne ne devait être réuni à l'Angleterre que sur la tête du prince de Galles; après lui son fils aîné devrait être roi d'Angleterre, et le second duc de Bretagne.

Durant ces négociations, le duc Maximilien continuait à soutenir une forte guerre contre les gens de la Gueldres et d'Utrecht; les villes de Flandre lui devenaient de plus en plus contraires; une effroyable famine régnait dans la plupart de ses états. L'hiver précédent avait été si rude, que les récoltes manquèrent en France; mais la disette était bien plus cruelle encore dans l'Artois et la Flandre. Les finances du Duc étaient donc en plus déplorable situation que jamais. Les conseils que lui donnait le roi d'Angleterre étaient donc fort à propos, et il était raisonnable et même nécessaire de prolonger les trêves.

Elles n'étaient pas beaucoup mieux observées que de coutume. De part et d'autre il se faisait des courses et des pillages; on tâchait surtout de saisir par surprise ou par trahison des châteaux et des forteresses. M. d'Esquerdes profita du peu de foi qu'on gardait à la trêve pour tendre un piége aux Bourguignons [1]. Il fit dire secrètement au sire de Cohen, commandant de la garnison d'Aire, et au sire de Beveren, capitaine de Saint-Omer, qu'il était résolu de quitter le service du roi de France, et de faire sa paix avec le duc d'Autriche. Les gens qu'il avait envoyés donnèrent de si grandes assurances, firent de tels sermens, qu'on y ajouta foi. D'ailleurs le sire d'Esquerdes avait bien montré qu'il ne cherchait jamais que son intérêt. Il avait désigné le jour et l'heure où il se laisserait surprendre dans la ville d'Hesdin. A un lieu indiqué de la muraille se trouvait une brèche par laquelle on pourrait entrer furtivement.

Le sire de Cohen se mit à la tête de quatre ou cinq cents hommes pour tenter l'entreprise. Il arriva la nuit au pied de cette brèche : « Il est » temps ! » cria une sentinelle apostée sur la muraille. On dressa une petite échelle pour atteindre la brèche; l'homme envoyé secrètement par M. d'Esquerdes monta le premier; on le suivit en hâte. Déjà les Bourguignons, se croyant maîtres, criaient : « Ville gagnée,

[1] Molinet.

» Bourgogne, Bourgogne ! » Quand il en fut entré un bon nombre, tout à coup leur guide disparut. Ils ne savaient plus de quel côté passer, lorsque M. d'Esquerdes, qui avait tout préparé, les fit entourer. Ils se virent trahis, cependant se défendirent vaillamment, et furent presque tous tués les armes à la main. Heureusement pour le sire de Cohen, il n'était pas encore monté par la brèche. Les plus vaillans hommes de sa garnison d'Aire périrent en cette occasion; et l'on fournit sans nul profit un grand sujet de reproche aux ambassadeurs du roi dans les pourparlers de la paix, où ils ne manquèrent pas d'alléguer la violation de la trève.

Il y avait peu de temps que M. d'Esquerdes avait accompli cette ruse, quand le duc Maximilien résolut de le punir, du moins dans son honneur, ainsi que les principaux des serviteurs de la maison de Bourgogne, dont il avait été trahi ou abandonné [1]. Il tint à Bois-le-Duc, le 5 mai 1481, son chapitre de la Toison-d'Or. La cérémonie était d'autant plus

[1] Molinet.

solennelle, que l'ambassade de l'empereur, inutilement envoyée au roi de France, se trouvait pour lors en Flandre, et assista en grande pompe à cette fête. Après les célébrations accoutumées, et lorsque les nouveaux chevaliers eurent été nommés, le héraut de l'Ordre retira les écussons des chevaliers, qui avaient passé au service du roi de France, et à leur place on suspendit un écriteau portant une sentence conçue en ces termes :

« Messire Jean de Neufchâtel, sire de Montaigu, sujet naturel de très-haut, très-excellent et très-puissant prince monseigneur le duc d'Autriche et de Bourgogne, chef souverain du noble ordre de la Toison-d'Or, et de ma très-redoutée dame madame la Duchesse, sa noble compagne, natif de la comté de Bourgogne, étant chevalier, frère et compagnon de notre ordre, lequel, tant à cause de sondit lieu de naissance, que par l'étroit et solennel serment qu'il avait fait, était obligé et astreint auxdits seigneur et dame et audit ordre, s'est allé rendre en France à l'obéissance du roi, et s'est parti de mondit seigneur sans avoir renvoyé le collier de l'ordre, et sans en observer les règles et détails qu'il avait jurés : en conséquence il est jugé hors dudit ordre et inhabile à en jamais porter le collier. »

Pareil jugement, et plus sévèrement écrit encore, puisqu'il rappelait de plus grands bienfaits, fut appendu au lieu de l'écusson de messire Philippe Pot, seigneur de la Roche-Nolai. De même pour messire Jacques de Luxembourg.

Le grand bâtard avait aussi quitté le service de Bourgogne et fait serment au roi. Toutefois, par considération pour lui, on remit son jugement au prochain chapitre.

La sentence fut prononcée contre le sire de Damas, encore qu'il fût mort récemment. Elle était ainsi conçue : « Messire Jean de Damas, seigneur de Clessi, si vous étiez en vie, vu et considéré les grâces, biens, honneurs et avancemens que vous avez reçus de la maison de Bourgogne, notamment de défunt le duc Charles, et les étroites promesses que vous aviez faites à l'ordre de la Toison-d'Or, vous êtes noté de plusieurs causes suffisantes d'en être privé; mais attendu votre trépas, monseigneur le souverain et messires les chevaliers, frères et compagnons en laissent le jugement à Dieu tout-puissant et souverain juge. »

La sentence de M. d'Esquerdes était la plus dure de toutes. On y rappelait tout ce que le duc Philippe et le duc Charles avaient fait pour lui; la confiance qu'on lui avait témoignée en lui donnant la garde des villes et forteresses d'Artois et de Picardie; les sermens qu'il avait renouvelés aux mains de mademoiselle de Bourgogne, noble orpheline de ses anciens seigneurs; comment elle s'était fiée à lui plus qu'à nul autre et l'avait institué son chevalier d'honneur. Puis on racontait toutes ses trahisons et les villes qu'il avait livrées, les pays qu'il avait conquis pour le roi; le collier de l'ordre qu'il ne portait plus, dédaignant même de le renvoyer, et l'ayant remplacé par l'ordre du roi; l'audace qu'il avait eue de combattre son légitime souverain en personne à Guinegate; les complots et entreprises secrètes qu'il avait tramés. En conséquence, il fut déclaré inhabile et indigne de porter le collier de l'ordre, et non-seulement son écusson fut retiré, mais appendu renversé à la porte de l'église.

Pendant que le duc Maximilien témoignait ainsi son ressentiment contre M. d'Esquerdes, celui-ci jouissait plus que jamais de toute la faveur du roi, surtout pour les choses de la guerre [1]. C'était sur ses conseils que l'armée avait reçu ses nouveaux règlemens et pris une nouvelle forme, depuis que les francs-archers étaient supprimés et que la principale force consistait dans les Suisses.

Le roi, pour bien savoir ce que coûterait maintenant son armée, quelle discipline on y pouvait établir, et afin d'aviser, en grande connaissance de cause, à tout ce qui semblerait nécessaire, avait ordonné que vingt mille hommes de pied, parmi lesquels étaient plus de six mille Suisses, deux mille cinq cents pionniers, et quinze cents hommes d'armes d'ordonnance prêts à combattre, soit à pied, soit à cheval, seraient réunis en un camp, avec l'artillerie et le bagage en proportion suffisante. C'était près de la rivière de Seine, entre le Pont de l'Arche et le Pont Saint-Pierre, que ce camp avait été établi, environné de fossés et fortifié, comme il aurait pu

[1] Comines. — De Troy.

l'être en face de l'ennemi. Les hommes étaient logés sous la tente ou dans des baraques de bois rangées en bel ordre. M. d'Esquerdes commandait cette armée, et maître Guillaume Picard, bailli de Rouen, était chargé de tout ce qui concernait les vivres et les provisions.

Quand tout fut prêt, le roi, bien qu'il fût loin d'avoir recouvré ses forces, s'en vint voir le camp; il s'approcha de Paris sans y entrer, et arriva le 15 juin à Pont-de-l'Arche. Il fut content de cette belle armée, qui avait été réglée en grande partie d'après les célèbres ordonnances que le feu duc Charles de Bourgogne avait faites dans son temps. On reconnut que l'entretien d'une telle armée coûterait quinze cent mille francs par an. C'était la première, et ce fut la seule fois que le roi vit cette troupe des Suisses qu'il avait tant désiré avoir à son service.

Après avoir passé douze jours au camp, le roi revint à Tours; les négociations continuèrent sans pouvoir arriver à conclusion. Le duc Maximilien les prolongeait, attendant la mort du roi; lui, de son côté, ne se pressait pas, mettant son espérance dans les murmures des villes de

Flandre, et dans l'esprit séditieux des gens de
Gand. Ainsi, prêt à la guerre, attentif à maintenir le roi Édouard dans son repos, le roi s'occupait surtout de garder le royaume en bon
ordre et en obéissance. Il y voyait croître le
mécontentement, aussi chaque jour devenait-il plus jaloux de son autorité et plus méfiant.

Il savait les mauvais desseins du duc de
Bretagne et les alliances qu'il avait conclues
contre lui. C'était pour ce motif qu'il tenait
son armée en Normandie, également prête à
se porter sur la Bretagne ou sur la Flandre. Le
Duc continuait toujours à se préparer à la
guerre. Il avait fait acheter à Milan, qui était
le lieu de la chrétienté le plus réputé pour la
fabrique des armes, quantité de cuirasses, de
casques et autres harnais de guerre. On avait
expédié ces armures dans la même forme que
des ballots d'étoffe; et, pour qu'elles ne fissent point de bruit, elles avaient été bien
emballées avec du coton[1]. Ainsi arrangées et
chargées sur des mulets, elles traversaient le
royaume; mais, quand elles passèrent par les

[1] De Troy.

montagnes d'Auvergne, les gens de maître Doyat découvrirent ce que portaient les mulets. Doyat en écrivit au roi, qui fut bien content, et lui donna la confiscation de toutes ces armures.

Ce Doyat devenait de plus en plus cher au roi, à la grande indignation de tout le royaume, tant les nobles et seigneurs que le peuple. C'était à lui surtout qu'était confié le soin de surveiller et de tenir en crainte le duc de Bourbon, son ancien maître. Étant gouverneur d'Auvergne, il en avait bien les moyens. Pour faire insulte à ce prince, il s'avisa de proposer au roi de faire tenir des Grands Jours à Montferrand, qui était le principal lieu des justices royales en Auvergne et le siège du bailliage. Matthieu de Nanterre, président au Parlement, cinq conseillers, un maître des requêtes, un substitut du procureur général, un greffier, deux huissiers et deux secrétaires, furent donc envoyés pour juger toutes les causes de juridiction royale, recevoir et vider les appels des justices seigneuriales, entendre toutes les plaintes, connaître de tous les griefs. Ils furent solennellement reçus par Louis de Bourbon comte de Montpensier, grand-oncle du duc de Bourbon qui avait pour lors quatre-vingts ans, et par Doyat, bailli de Montferrand. Outre le désir de faire sentir son pouvoir au duc de Bourbon, et de contrôler et réformer les actes de ses officiers et serviteurs, Doyat avait pour principal dessein de faire casser par arrêt le jugement porté autrefois contre lui. Il fit donc ordonner en sa faveur une réparation authentique pour injures à lui faites. Mais il ne suffisait pas d'un tel arrêt pour établir l'honneur d'un personnage si méprisé et si mal voulu de tout le monde.

Le sire de Beaujeu, frère du duc de Bourbon, et gendre du roi, protesta contre la juridiction des Grands Jours, et réclama le ressort direct du Parlement pour son comté de la Marche, qu'il avait eu de la confiscation du duc de Nemours.

Bientôt commencèrent de plus rudes poursuites contre un autre prince du sang royal. René, comte du Perche, et fils du feu duc d'Alençon [1], n'avait jamais pris part aux

---

[1] Legrand et pièces. — Pièces de Comines.

rébellions et aux complots de son père; aussi le roi l'avait toujours bien traité, et lui avait remis la plus grande part de son héritage. Ce prince menait une vie fort dissolue, et l'on avait eu souvent à lui reprocher beaucoup d'excès et de désordres. Plusieurs de ses serviteurs, autorisés par une telle conduite de leur maître, avaient parfois commis des actes de violence, des rapts et autres crimes. Il avait fallu les venir prendre jusque chez lui, afin de les mettre en justice. Pour ces motifs, ou pour d'autres, le roi lui avait diminué ses pensions, et avait donné à d'autres quelques-uns des domaines confisqués sur son père.

Le comte du Perche, dont le nom jusqu'alors n'avait été mêlé à aucune des intrigues des autres princes et seigneurs, commença à être mécontent. Bientôt après, sachant que ses discours avaient été rapportés au roi, l'inquiétude le prit, et il songea à sortir du royaume. A cet effet, il envoya de secrets messagers en Bretagne, en Angleterre, en Flandre. Le sire du Lude était chargé de faire épier secrètement sa conduite, et avait pouvoir de l'arrêter. Il le fit prendre au château de la Roche-

Valbot, près de Sablé, et le conduisit d'abord à la Flèche, puis à Chinon. Là il fut enfermé dans une cage de fer d'un pas et demi carré, et y passa d'abord six jours sans en sortir, recevant sa nourriture au bout d'une fourche à travers les barreaux. Comme une telle rigueur le rendait malade, on le fit sortir pour prendre ses repas, mais tout de suite après on le rentrait en sa cage, où il demeura douze semaines.

Pendant ce temps-là son procès s'instruisait par commissaires. Le chancelier, le sire du Lude, maître Jean des Pontaux, président au parlement de Dijon; Philippe Boudot, conseiller au Parlement, et Jean Falaiseau, lieutenant du bailli de Tours, avaient été chargés par le roi de cette information. Le comte du Perche confessa le dessein qu'il avait eu de se soustraire à la colère du roi, et accusa le sire du Lude de lui avoir depuis long-temps rendu les plus mauvais offices, de l'avoir calomnié, de lui avoir en dernier lieu fait remettre de secrets avis, afin d'augmenter son inquiétude et de le déterminer à s'enfuir.

Plusieurs serviteurs de sa maison et Jean

d'Alençon, son frère bâtard, qui avaient été arrêtés et mis à la question, n'en déclarèrent pas davantage. La déposition la plus grave fut celle de Jeanne d'Alençon, sa sœur bâtarde, qui déclara lui avoir entendu dire que si le roi venait à mourir, il y aurait grande division entre les princes, mais que pour lui il se mettrait du parti du duc d'Orléans et du duc de Bretagne.

En tout cela il n'y avait point de crime : tout prévenus et dociles que pouvaient être les commissaires, ils ne voyaient pas qu'il fût possible de donner grande suite à cette affaire. Le sire du Lude, par plus de précaution, s'était même fait remettre par le roi une lettre par laquelle il reconnaissait que le comte du Perche avait été arrêté en vertu d'un ordre donné verbalement pour plus de secret, et que jamais cette arrestation ne pourrait être sous nul prétexte imputée à M. du Lude.

Toutefois le roi n'entendait pas que les choses en restassent là, et pressait les commissaires. « Je ne sais, leur écrivait-il, si vous avez bien compris un mot qu'il y a aux lettres du duc de Bretagne; là où il dit qu'en allant en Bretagne, M. du Perche ne fût pas allé en un lieu où il eût pu me faire dommage. Vous voyez donc, si vous n'êtes bien bêtes, que le duc déclare par-là les péchés de M. du Perche; car, pour s'excuser soi-même de violer le serment qu'il m'a fait, il déclare nettement que M. du Perche n'eût pu rien faire chez lui contre moi. C'est donc confesser qu'il allait ailleurs pour faire son entreprise, c'est à savoir en Angleterre ou en Autriche. Messieurs, vous savez bien ce que je vous dis, en nous quittant sur les ponts [1], que jamais M. du Perche n'avait pu penser à aller en Bretagne; car il avait vu autrefois comment son père avait été contraint d'en revenir, sans parler de tous les maux qu'on lui fit [2]. Ainsi vous voyez bien qu'il s'en allait en Angleterre, et vous ne devez entendre qu'à cela. Il ne le peut nier, par deux causes. La première est que son entreprise avait pour but de ravoir son bien, et le duc de Bretagne ne pouvait pas plus l'y aider qu'un ménétrier. Item, ne manquez pas à lui remontrer qu'aussi-bien est-il en complète forfaiture pour s'en aller en Bretagne

[1] De Tours, vraisemblablement.
[2] Tome IX, page 100.

comme en Angleterre, et que vous savez que le duc s'est déclaré pour le duc d'Autriche contre moi. Faites-lui passer ce mot, et vous voyez bien qu'il ne peut nier, sinon c'est votre faute; et adieu, messieurs. Écrit au Plessis, le 4 septembre. »

Ce n'était pourtant pas là des preuves, même pour des commissaires. En outre, le comte du Perche réclamait la juridiction du Parlement et son privilége de pairie. Après plusieurs mois passés dans cette cruelle prison de Chinon, il fut transféré à Vincennes, et la procédure déférée au Parlement, bien que le roi l'eût autrement désiré. Car il avait toujours un grand éloignement pour la justice ordinaire [1]; il la lui fallait prompte, sans formalités, ou, pour mieux dire, conforme à sa seule volonté.

C'est ainsi qu'il écrivait au chancelier au sujet d'une révolte qui avait eu lieu dans la Marche pour la levée de quelqu'un des nouveaux impôts : « M. le chancelier, M. de Beaujeu m'a dit que vous faites difficulté de

[1] États de 1483.

sceller les lettres que j'ai commandées pour punir les mutins qui se sont élevés en la Marche, et que vous voulez en remettre la connaissance au grand conseil. Puisqu'ils se sont soulevés et ont agi par voie de fait, je veux que la punition en soit incontinent faite et sur les lieux, et que ceux du grand conseil ni de la cour du Parlement n'en aient aucunement connaissance. Pour ce, scellez les lettres telles qu'on vous les porte. N'y faites faute, et que je n'en entende plus parler, car je ne veux pas souffrir de telles mutineries, pour les conséquences qu'elles pourraient avoir. »

Une autre fois il écrivait à M. de Bressuire : « J'ai reçu les lettres où vous faites mention d'un nommé Husson, que vous dites qui a fait plusieurs maux en une commission qu'il dit avoir eue de moi. Pour ce, je veux savoir quel est cet Husson, et les abus qu'il a faits touchant cette commission. Je vous prie qu'incontinent ces lettres vues, vous me l'envoyiez si bien lié et garrotté, et si sûrement accompagné, qu'il ne s'échappe point; ensemble les informations qui ont été faites contre lui. Qu'il n'y ait point de faute, et me faites soudain savoir de vos nouvelles pour faire les préparatifs des noces du galant avec une potence. Écrit à la hâte au Plessis, le 30 juin. »

Les gens qu'il se faisait ainsi amener passaient à la justice expéditive de son prevôt Tristan, qui était à la fois le témoin, le juge et souvent l'exécuteur.

Cette diligence à exécuter les moindres volontés de son maître, à satisfaire ses plus légers soupçons par de prompts supplices, était si grande, elle donnait lieu à des condamnations et des exécutions si soudaines, qu'il en pouvait arriver de funestes méprises. Aussi en racontait-on de bien étranges exemples.

On disait qu'un jour le roi, tenant son couvert en public, avait aperçu, parmi ceux qui étaient dans la salle à le voir dîner, un capitaine picard sur lequel il avait de grands soupçons. Aussitôt il avait fait un signe de l'œil à Tristan. Par malheur auprès de ce capitaine se trouvait un bon et honnête moine. Tristan comprit que c'était de celui-là qu'il s'agissait. Dès que le moine fut descendu dans la cour, il fut pris, mis dans un sac, et jeté

à la rivière. Le capitaine, devinant de quoi il était question, et bien content du malentendu, monta au plus vite à cheval et prit le chemin de Flandre. Il fut vu sur la route, et l'on en rendit compte au roi. « Tristan, dit-il,
» pourquoi ne fîtes-vous pas hier ce dont je
» vous faisais signe pour cet homme? — Ah!
» sire, il est bien loin à cette heure, répondit
» le prevôt. — Oui, ma foi, car on l'a vu près
» d'Amiens. — Près de Rouen, voulez-vous
» dire, ayant bien bu son soûl dans la rivière.
» — De qui parlez-vous donc reprit le roi?
» — Hé! mais de ce moine que vous me mon-
» trâtes; je le fis aussitôt jeter à l'eau. — Ah!
» Pâques-Dieu, s'écria le roi, c'était le meil-
» leur moine de mon royaume; qu'avez-vous
» fait là? Il lui faudra faire dire demain une
» demi-douzaine de messes. C'était le capitaine
» picard que je vous montrais. »

Les gens de guerre et de cour, qui n'avaient pas grand souci de la justice ni de la vie des hommes, trouvaient cette histoire assez plaisante[1], et riaient de ce quiproquo d'apothi-

---

[1] Brantôme.

caire, comme ils l'appelaient. La seule moralité qu'ils en tiraient, c'est qu'il n'est pas bon de faire des commandemens par signes, et qu'il n'est rien de tel que de parler haut et clair quand on est roi, par conséquent magistrat absolu.

Cependant le roi était loin de se rétablir ; peu après son retour de Normandie, il avait eu une nouvelle atteinte ; il en eut une bien plus forte à Thouars, dans le mois d'octobre. On le crut mort ; il demeura deux heures sans connaissance, couché sur une paillasse à terre. M. de Comines, M. du Bouchage et ses autres serviteurs le vouèrent à saint Claude. Bientôt le sentiment et la parole lui revinrent, et il se trouva à peu près comme auparavant, mais bien faible.

De là il alla passer quelques semaines à Argenton, chez le sire de Comines, qu'il avait fort en gré dans ce moment. Ils couchaient assez souvent dans le même lit, comme dans ce temps cela se pratiquait entre amis, afin de pouvoir deviser plus à loisir et plus tranquillement. Le roi fut encore assez malade dans ce château. Il menait une vie de jour en jour plus traînante ; mais son esprit incapable de repos et sa vigueur d'âme le maintenaient malgré le déclin des forces du corps. Il continuait à s'occuper des affaires du royaume, et moins que jamais il les eût abandonnées à nul de ses conseillers.

Ce qui l'occupait surtout à ce moment, sans parler des négociations avec la Flandre, qui étaient toujours au même point, c'était la conduite du duc de Bretagne. Ce prince gardait chaque jour moins de ménagemens. Landais avait pris complétement le dessus dans ses conseils, et avait fait jeter en prison le chancelier Chauvin. Ainsi le duc pressait le roi d'Angleterre et le duc Maximilien d'agir ouvertement contre la France. Mais comme il s'inquiétait de la vengeance que le roi pourrait tirer de sa conduite, il demandait des secours en même temps qu'il offrait les siens. Le duc Maximilien ne se pressait point de le rassurer, et se borna à envoyer au roi Franche-Comté, son héraut, pour déclarer qu'il regarderait comme une violation de la trêve toute attaque contre le duc de Bretagne. Le roi envoya les lettres au Parlement pour faire preuve des torts du duc de Bretagne.

Soit à cause de la division qui régnait parmi les conseillers de ce prince, soit par son caractère timide et faible, en même temps que haineux, il commença bientôt, ainsi qu'à la coutume, à prendre peur du roi, après l'avoir offensé, et lui envoya une ambassade qui avait pour chef le sire de Coatquen, son premier maître d'hôtel.

Le roi était alors à Argenton; les ambassadeurs furent retenus plusieurs jours à Thouars avant d'avoir la permission de venir. Ils furent cependant admis le 1er. décembre, et remirent une lettre par laquelle le duc de Bretagne se plaignait de ce qu'on avait saisi sa ville de Chantocé, et arrêté sur les ponts de Cé des mulets qui portaient de la vaisselle d'argent à lui. « N'avez-vous rien de plus à dire? » dit le roi aux ambassadeurs. Le sire de Coatquen répéta seulement ce que contenait la lettre; mais comme il n'entendait guère aux matières de droit, il demanda que maître Jean Blanchet, procureur du duc à Nantes, fût admis à déduire d'autres griefs.

Celui-ci exposa que, sur les marches d'Anjou, plusieurs des sujets du roi en étaient venus aux voies de fait contre des sujets du duc; qu'ainsi il fallait de part et d'autre nommer des commissaires pour reconnaître les vrais coupables. Il se plaignait encore que le juge de Pontorson eût fait fustiger un condamné et lui eût fait couper les oreilles sur le territoire de Bretagne; que la garnison de Montaigu eût aussi arrêté et poursuivi des faux sauniers en-deçà des limites. Toutes les plaintes réciproques étaient du même genre, et il n'était nullement question des véritables et plus grands sujets de discorde qui auraient pu allumer la guerre.

Le roi parla peu aux ambassadeurs de Bretagne, leur dit qu'il était heure de dîner, et les renvoya à traiter ces diverses affaires avec les gens de son conseil; puis il refusa, malgré leurs instances, de les revoir, leur fit dire qu'il était trop occupé du fait de ses finances, et on leur remit des lettres qui contenaient sa volonté. Il rendait au duc sa vaisselle, lui accordait deux faveurs qu'il sollicitait : le libre transport de ses vins et le revenu du grenier à sel de Montfort; il lui restituait Chantocé, sous condition d'en faire hommage. Du reste se contentait de lui avoir fait sentir son autorité, et ne s'expliquait sur aucun autre de leurs différens.

Une autre affaire bien plus importante survint à ce moment. Charles du Maine, successeur du roi René au comté de Provence, mourut sans laisser d'enfans, le 11 décembre 1481. La veille il avait mandé un notaire, et tout malade qu'il était, il avait dit fort distinctement qu'il instituait pour son héritier universel le roi Louis. « Lequel? demanda le notaire. — Le » roi Louis de France, reprit le mourant, et » après lui M. le Dauphin. » Puis un moment après, il ajouta : « Et la couronne [1]. » Le testament fut écrit en conséquence, et le roi se trouva héritier du comté de Provence, ainsi que lui en avait répondu le sire Palamède de Forbin lors du voyage de Lyon, et de l'entrevue du roi et du roi René [2].

Le duc de Lorraine s'était, depuis la mort de ce dernier, efforcé de s'assurer son héritage, et de succéder au comte du Maine;

[1] Déposition de Jacques Godefroi, notaire.
[2] Histoire du roi René.

mais toutes précautions avaient été prises pour qu'il ne pût ni capter un testament, ni se faire un parti en Provence. Il avait été forcé de s'en éloigner précipitamment, comme on a vu; depuis ce moment le bailli de Mâcon, et les autres officiers du roi exerçant une autorité dans les pays qui sont entre la Lorraine et la Provence, avaient ordre d'empêcher sévèrement tout sujet du duc René de se rendre en Provence. Ce qui valait mieux, les habitans préféraient hautement d'être unis au royaume. Une si favorable disposition témoignait l'habileté de messire Palamède; aussi, dès que le roi fut maître de la Provence, l'en nomma-t-il gouverneur avec un pouvoir tel qu'il n'en avait jamais confié à aucun de ses serviteurs, promettant sur parole de roi de confirmer tous les actes de son gouvernement. De sorte que le roi lui disait en plaisantant : « Tu m'as fait comte, je te fais roi. » Paroles dont la maison de Forbin a fait sa glorieuse devise [1].

---

[1] *Regem ego comitem, me comes regem.* Hist. du roi René.

Le sire Palamède de Forbin répondit à cette grande confiance; il gouverna la Provence à la satisfaction universelle. Le parti lorrain tenta encore quelques efforts. François de Luxembourg, fils de M. de Fiennes, et neveu du connétable de Saint-Pol, était le chef de ce parti. Il avait reçu du comte du Maine la vicomté de Martigue, et habitait la Provence. Il parvint à exciter une sédition à Aix, et déjà il avait rassemblé une assez forte troupe aux cris de. « vive Lorraine! » Le sire de Forbin sortit sans plus attendre, et heurtant de porte en porte pour se faire suivre des habitans, il criait de son côté : « vive France ! » Il était si bien voulu dans cette ville et y avait tant de crédit, que le sire de Luxembourg se trouva bientôt presque seul et se sauva dans l'asile de l'église des Jacobins. Le sire de Forbin alla l'y chercher et s'assura de sa personne. En récompense de ce grand service, le roi lui donna la confiscation de la vicomté de Martigue.

Une autre tentative de sire de Pontevez[1], sénéchal de Lorraine, n'eut pas un meilleur

[1] Histoire de Lorraine.

succès. Il fut envoyé par le duc René à Gênes, pour y traiter avec Robert de San-Severino et Obieto de Fiesque, et les engager, moyennant de grandes promesses, à se jeter en Provence à la tête de leurs bandes d'aventuriers italiens. Ils virent sans doute trop peu d'espoir de réussir, pour même essayer cette entreprise.

Une telle conduite de la part du duc René ne pouvait le réconcilier avec le roi, qui n'en mit que plus de volonté à lui ôter le duché de Bar, et à faire valoir les droits qu'il prétendait d'après le bail fait avec le roi René, et la cession de la reine Marguerite d'Angleterre. Il continua donc à fortifier Bar et les villes dont il s'était saisi, et, sans vouloir soumettre le différent à l'arbitrage de l'empereur, comme le proposait le duc de Lorraine, il refusa tout autre arbitre que le pape.

C'était de la sorte que, tout affaibli et détruit par la maladie qu'était le roi, il n'oubliait et ne négligeait aucune de ses affaires. Ses volontés demeuraient fermes et entières comme par le passé, non-seulement en ce qui touchait le royaume, mais même pour tout autre intérêt. Il avait, l'année précédente, confié la garde de son neveu le duc Philibert au sire de Luys; mais le comte de la Chambre s'était emparé du jeune prince, et voulait chasser du gouvernement l'évêque de Genève, que le roi y avait aussi placé. Ces querelles étaient si vives, que la guerre s'était allumée en Piémont. Le parti du comte de la Chambre était beaucoup plus fort, et Philippe, comte de Bresse, s'était rangé de son côté[1]. Le roi lui fit secrètement savoir sa volonté, et envoya le sire de Comines à Mâcon, avec des troupes, pour entrer en Bresse, si le comte ne voulait point le servir. Tout fut bientôt convenu. Le sire de Bresse feignit de refuser obéissance au roi. Le sire de Comines continua à menacer et à faire des apprêts de guerre. Ces apparences rassurèrent le comte de la Chambre; il était pour lors à Turin avec le jeune duc, et croyait n'avoir à se méfier de rien, lorsqu'une nuit, M. de Bresse entra chez lui et le surprit dans son lit avec le prince. « Vous êtes pri- » sonnier du roi de France, » lui dit-il. Le duc

---

[1] Comines. — Guichenon. — Legrand.

Philibert fut ensuite amené à Grenoble, et remis au sire de Comines et au maréchal de Bourgogne, qui avaient ordre de le conduire à Lyon, pour qu'il y attendît le roi.

Le roi avait en effet le projet d'y venir en revenant de son pèlerinage à Saint-Claude. Depuis cinq mois environ qu'il avait été voué à ce saint, il attendait que la saison fût meilleure et ses forces un peu revenues, afin d'accomplir le vœu qu'on avait fait pour lui. Jusque-là il faisait, le mardi de chaque semaine, remettre trente-un écus sur l'autel de Saint-Claude. Il partit vers le milieu de mars, accompagné de huit cents lances, ce qui lui faisait un cortége d'environ six mille gens de guerre. Il s'arrêta d'abord à Amboise, où était le Dauphin, son fils, qu'il n'avait jamais vu, ou du moins bien peu [2]; il lui donna sa bénédiction et le confia au gouvernement de son gendre, Pierre de Bourbon, sire de Beaujeu; disant à l'enfant de faire ce que ce prince lui ordonnerait, et

---

[1] 1481. v. s. L'année commença le 7 avril.
[2] De Troy.

de lui obéir tout ainsi que si lui-même commandait. Le sire de Beaujeu fut en même temps créé lieutenant général du royaume pour le temps de ce voyage.

D'Amboise, le roi alla à Notre-Dame de Cléri, où il fit de grandes dévotions et de riches offrandes. Comme il sortoit de l'église, après avoir été long-temps à genoux et en prières, un pauvre clerc, nommé Guillaume de Culant, se jeta à ses pieds pour implorer sa miséricorde. Il devait quinze cents livres à un dur créancier, qui l'avait tenu douze mois en prison, et allait encore l'y faire enfermer. « Tu » as bien pris ton temps, lui dit le roi; puis- » que je viens de prier Dieu d'avoir pitié de » moi, il faut donc que j'aie pitié de toi. » Et il paya sa dette.

Le roi, continuant sa route à petites journées, traversa la Bourgogne; tout allait assez bien en cette province et dans la Comté. Le sire de Toulongeon avait fait quelques tentatives pour y exciter encore des rébellions, mais elles avaient eu peu de suite. L'année précédente, quelques jours avant que le roi eût sa première attaque, il avait perdu le sire Charles d'Amboise qui, par sa sagesse et son habileté, lui avait gagné ce pays et qui le gouvernait si sagement. C'était à Tours qu'il était mort; car il était alors revenu près du roi, et avait auprès de lui autant de crédit qu'on en pouvait avoir. Il le regretta beaucoup et fit faire de solennelles prières pour le repos de son âme.

Il y avait en Flandre une telle haine contre ce sire d'Amboise qui avait conquis la Bourgogne, au moment où le conseil du duc Maximilien croyait les affaires du roi désespérées en ce pays, qu'on débita sur sa mort une singulière fable. On assurait qu'il avait refusé tous les secours de la médecine et même de la religion, et qu'il était mort dans d'horribles souffrances. Toutefois, disait-on, le roi, ayant donné ordre de l'ensevelir en quelque chapelle, tandis que le prêtre se disposait à célébrer la messe, le diable était apparu pour lui dire que le favori du roi était déjà dans l'enfer, tant en corps qu'en âme. On avait pour lors ouvert le cercueil, et, à la grande épouvante de toute la cour, il s'était trouvé entièrement vide.

Le roi avait donné pour successeur au sire d'Amboise le sire de Baudricourt, qui fut depuis maréchal de France. Il se comporta avec douceur, et continua à apaiser par sa sagesse, plus encore que par les armes, ce qui restait de rébellion dans le Duché et dans la Comté. Les États des deux provinces avaient été assemblés par ordre du roi, et Jean et Louis d'Amboise, évêques de Maillezais et d'Albi, avaient été nommés lieutenans du roi pour recevoir leurs griefs. Les demandes qu'ils insérèrent sur leurs cahiers avaient été prises en grande considération; la plupart avaient été accordées, et pour les autres de bonnes promesses avaient été faites.

Le voyage du roi contribua à lui gagner encore ces deux provinces; il fit accueil à la noblesse et aux gens des villes. En passant à Beaune, on lui fit voir un bel hôpital qui avait été fondé par le chancelier Raulin : « Ah! dit-
» il, c'était chose raisonnable qu'ayant fait
» tant de pauvres durant sa vie, il leur bâtit
» une maison après sa mort [1]. » En effet, le chancelier Raulin, qui avait été un très-habile conseiller, et à qui le duc Philippe le Bon avait

---

[1] Colomiez : Mélanges historiques.

accordé tant de confiance, avait laissé un immense héritage et la renommée d'un homme plein d'avidité. On racontait que son maître, malgré toute son indulgence, lui avait pourtant dit un jour : « Raulin, c'est trop. »

Le roi arriva le 20 avril à Saint-Claude, et y passa quatre jours; sa première offrande fut de quinze cents écus d'or et une autre de quatre cent soixante-cinq. Il fonda une grand'messe pour tous les jours, et donna à l'abbaye pour cette fondation une rente de deux mille livres qui comprenait diverses seigneuries en Dauphiné, les gabelles de Briançon, le notariat du Valentinois, le péage de Montélimart et, en outre, deux mille livres à prendre sur les revenus du Dauphiné; il accorda des lettres de naturalité à tous les sujets de cette abbaye; rien ne semblait devoir l'arrêter dans ses munificences.

Le jour même où il avait quitté St.-Claude, en arrivant à Arban, il apprit que son neveu, le duc Philibert, était mort la veille à Lyon, à la suite d'une chasse qui l'avait excédé de fatigue. Le roi reçut cette nouvelle avec chagrin; il écrivit au comte de Dunois et au chancelier de faire célébrer ses obsèques et transporter son corps à l'abbaye de Hautecombe, sur le lac du Bourget, où étaient ensevelis ses ancêtres. Ensuite, au lieu de continuer sa route vers Lyon, il passa par Louhans, Tournus et Mâcon ; puis il s'arrêta au château de Beaujeu.

Là, il apprit la nouvelle d'une mort qui faisait un bien plus grand changement dans ses affaires.

LIVRE CINQUIÈME.

Mort de la duchesse Marie. — Meurtre de l'évêque de Liége. — Paix d'Arras. — Derniers temps du roi. — Sa mort.

La duchesse Marie, que les Gantois et les Flamands avaient si rudement traitée, lorsqu'elle s'était trouvée orpheline et délaissée, avait, depuis les quatre années de son mariage, gagné beaucoup dans leur faveur et leur affection. Ce n'est point qu'elle s'entremît des affaires et du gouvernement; elle n'avait nulle volonté, vivait en grande amitié conjugale avec son mari, et n'était connue que par sa douceur; mais on l'aimait par opposition au duc Maximilien, en qui les villes de Flandre avaient mis tant d'espérance, et qui leur était chaque jour devenu moins agréable. Ce prince était léger, insouciant, songeait plus à la chasse et aux festins qu'aux intérêts du pays, vivait uniquement avec des nobles et des courtisans.

Il dépensait beaucoup, et c'était l'argent des impôts ; car il n'en faisait jamais venir d'Allemagne, tant son père était avare. Ainsi il en était toujours aux expédiens, et empruntait à ces gros marchands de Bruges et des autres villes, ce qui leur donnait peu de respect pour lui.

En outre, cette grande protection qu'on avait cru trouver en le prenant pour souverain avait été un complet mécompte. L'empereur, n'ayant nulle autorité et nulle renommée en Allemagne, n'avait donné à son fils ni secours ni alliés. Il s'était borné à quelques ambassades, dont le roi de France avait pris peu de souci. L'Angleterre promettait davantage, mais on ne pouvait la faire déclarer. Le duc de Bretagne était un allié qui avait besoin d'aide, plutôt que d'en pouvoir donner. La Frise, la Hollande et la Zélande étaient en proie à de sanglantes discordes. La Gueldres ne se soumettait pas. Les gens d'Utrecht étaient en pleine révolte contre leur évêque ; ils avaient appelé comme capitaine de leur ville Engelbert de Clèves, frère du duc Jean ; c'était sous ses ordres qu'étaient réunies toutes les forces du parti des Hoecks, de sorte qu'il s'était allumé dans ce pays une terrible guerre ; elle était presque devenue la principale affaire du duc Maximilien ; les Kabelljauws le contraignaient à y employer ses meilleurs capitaines et une grande partie de ses troupes.

Pendant ce temps les frontières de Flandre demeuraient dégarnies du côté de la France. La trêve ne les garantissait guère, tant elle était mal observée de part et d'autre. Encore récemment, au mois de janvier, la ville de Bohaing avait été surprise par les Français, qui, ne la pouvant garder, y avaient mis le feu. D'ailleurs il commençait à y avoir des bandes d'aventuriers qui se disant, selon l'occasion, Français ou Bourguignons, ravageaient le pays et tenaient les habitans dans l'effroi. Le commerce des villes avait cessé, et les riches fabriques de draps qui enrichissaient la Flandre étaient en chômage[1].

Les sujets du duc Maximilien, après avoir tant voulu la guerre, voulaient donc la paix à tout prix ; d'ailleurs les Gantois n'avaient

[1] Amelgard.

jamais aimé aucun de leurs seigneurs et ne pouvaient vivre en bonne intelligence avec eux. Celui qui régnait leur déplaisait toujours, et leur affection se portait, soit avec regret vers celui qui n'était plus, soit avec espérance vers celui qui devait régner. Ils tenaient que le duc Maximilien n'était pas leur souverain, mais seulement le mari de leur souveraine; et, réclamant comme un privilége ce qui s'était en effet pratiqué souvent, ils voulaient qu'on nourrît et qu'on élevât dans leur ville les enfans de madame Marie et du duc Maximilien. Ils en avaient eu déjà trois : Philippe, né en 1478; Marguerite, née en 1480; François, né au mois de novembre 1481, qui était mort peu après sa naissance. Les deux autres étaient aux mains des Gantois.

La duchesse Marie, après s'être relevée de sa troisième couche, avait fait avec son mari un voyage en Hainaut. Elle avait été reçue en grande solennité; de là, à Valenciennes, où les Français étaient venus se montrer durant son séjour; de sorte qu'elle avait pu voir de ses yeux les flammes qu'ils avaient allumées dans les campagnes. Puis elle avait quitté ce triste pays de guerre et de ravages, et elle était revenue avec toute sa cour dans la riche ville de Bruges. Dans les commencemens de février, elle voulut un jour se donner le divertissement de la chasse à l'oiseau, et sortit avec sa suite pour voler au héron. Pendant qu'elle suivait la chasse, sa haquenée voulut passer par-dessus un tronc d'arbre abattu, les sangles se rompirent, la selle tourna, et madame Marie tomba avec rudesse sur ce bois. On la rapporta blessée dangereusement; mais on ne croyait pas que sa vie fût en péril. Pour ne pas inquiéter son mari, ou par pudeur, dit-on, elle ne laissa pas les médecins panser la profonde blessure qu'elle s'était faite. Le mal s'envenima; la Duchesse devint de plus en plus malade, et trois semaines depuis sa chute elle mourut, le 27 mars 1482, à l'âge de vingt-cinq ans, après une vie si courte et agitée par tant de malheurs, que ne méritaient point sa douceur et son innocence.

Ce fut cette nouvelle qui arriva au roi pendant son voyage et lorsqu'il était au château

---

[1] 1481 v. s. L'année commença le 7 avril.

de Beaujeu. On ne pouvait rien lui apprendre de plus heureux, et il sembla reprendre ses forces pour sentir une si grande joie. Ce qui l'augmentait encore c'est que les deux enfans étaient au pouvoir des Gantois, et le roi vit tout aussitôt quel profit il allait tirer de la pauvre situation où se trouvait le duc Maximilien.

Déjà il était en grande intelligence avec les Flamands. M. D'Esquerdes, maître Olivier, et plus particulièrement encore Guillaume de Cluni, l'ancien protonotaire, qui avait été si long-temps conseiller du duc de Bourgogne, et que le roi avait fait évêque de Poitiers, conduisaient ces secrètes pratiques. Un nommé Hermann Wliestedte[1] faisait souvent le voyage de Gand, et portait parole aux principaux bourgeois et chefs du peuple de la part du roi. Ceux qui le servaient le mieux étaient un nommé Guillaume Rym, premier conseiller de la ville, et Copenole, syndic des chausse-tiers. Tous deux étaient habiles, avaient grand crédit sur les gens de la commune, étaient de

---

[1] Legrand. — Comines.

mauvais vouloir envers leur seigneur, et avaient accepté des pensions du roi.

Dès le premier moment, les partisans du roi lui firent dire de se hâter et de profiter de l'occasion avant qu'elle échappât. Le peuple disaient-ils, désirait ardemment la paix, et trouverait bon tout accommodement qui pourrait la procurer ; il fallait proposer le mariage du Dauphin avec la jeune princesse Marguerite, et les Gantois y consentiraient volontiers. Autrement, les Flamands se tourneraient du côté de l'Angleterre, et alors n'épargneraient nul effort pour faire avec les Anglais une terrible guerre au royaume de France ; déjà même arrivaient des envoyés d'Angleterre pour pratiquer une alliance.

Le roi fit partir au plus vite Hermann Wliestedte. Par malheur, lorsqu'il passait à Gravelines, le sire de Sainte-Aldegonde, qui y commandait et devant qui il fut amené, n'étant point content de ses réponses, le fit mettre à la torture. Wliestedte se montra ferme et courageux. Il ne confessa rien, et il lui fut permis de continuer son chemin. Il arriva à Gand au commencement de juin.

Déjà tout allait au mieux pour le roi. Les États de Flandre, assemblés le 2 mai [1], avaient refusé au duc Maximilien la tutelle de ses enfans, ou du moins l'avaient assujetti à de dures conditions, lui imposant un conseil de tutelle, et le traitant de tous points sans nul respect, comme un prince incapable de se comporter raisonnablement.

Les États de Brabant allaient prendre une résolution pareille, lorsque le duc Maximilien fit prendre et mettre à mort quelques-uns des bourgeois les plus considérables qui lui étaient contraires. Cette violence, que lui avaient conseillée les jeunes serviteurs de sa cour, acheva de le perdre dans l'esprit des peuples. Les hommes que, contre toute justice, il condamna, étaient aimés, passaient pour sages et amis du pays. En outre, ils étaient fort riches et l'on vit bien que c'était surtout pour avoir leur confiscation. Car rien n'égalait le désordre et la rapacité de ce prince et des seigneurs qui l'entouraient. Les troupes n'étaient pas même payées de leur solde; aussi vivaient-elles sur le pays et n'avaient-elles aucune discipline.

[1] Barlandus, Annales Brabantii.

Malgré ces actes de tyrannie, les États du Brabant ne s'effrayèrent pas et ne reconnurent point au Duc le droit d'être tuteur de ses enfans. Ils lui accordèrent la tutelle, mais de leur propre autorité, se réservant de la lui retirer, s'il ne s'en acquittait pas sagement.

Le roi, après quelques jours passés à Beaujeu, s'était rendu à Lyon. Il y avait fait venir Charles de Savoie, frère et légitime héritier du duc Philibert; ce jeune prince, avec son jeune frère Jean Louis, était retenu en France depuis plusieurs années, et le roi l'avait donné en garde au comte de Dunois. Il arriva de Château-Regnault, où était son séjour accoutumé, et fut reconnu duc de Savoie. Le roi, son oncle, se déclara son tuteur, et nomma, pour gouverneur de ses états, Jean Louis de Savoie, évêque de Genève. Le comte de Bresse voulut s'emparer du gouvernement de Piémont, mais le roi lui ordonna de le quitter, sous peine de voir confisquer sa seigneurie de Bresse. Ainsi il fallut céder à la volonté de ce roi qui, presque dans le tombeau, commandait encore partout où il mettait la main.

Il revint ensuite lentement, et toujours de

plus en plus malade, à Notre-Dame-de-Cléri, où il arriva au commencement de juin. Il y fit une pieuse neuvaine, après laquelle il se trouva un peu mieux. De là il alla passer quelque temps à Meung-sur-Loire, et dans un lieu voisin qu'on nomme Saint-Laurent-des-Eaux. Il attendait les ambassadeurs des États de Flandre, car c'était avec eux et non plus avec le duc Maximilien qu'il traitait. Il reçut fort bien ces ambassadeurs, encore qu'il commençât à ne plus se laisser guère voir. Il y en avait des trois états : nobles, gens d'église, et hommes du peuple. Le roi leur parla de son désir d'avoir enfin la paix; eux aussi la souhaitaient plus que toute chose, et tout fut préparé pour la conclure. Puis le roi ordonna au sire de Saint-Pierre d'accompagner à Paris ces ambassadeurs; et de leur faire rendre de grands honneurs dans cette ville. Le prévôt des marchands et les échevins leur firent un honorable accueil, et les festoyèrent de leur mieux.

En retournant en Flandre les députés des États traversèrent l'armée du roi, que M. d'Esquerdes avait conduite de Normandie sur les marches de l'Artois. Elle était plus belle que jamais : il y avait six mille Suisses, huit mille piquiers et quatorze cents lances, et une superbe artillerie. Cette vue ne pouvait qu'augmenter dans l'esprit des Flamands leur désir de faire la paix ; car ils n'avaient rien de pareil chez eux. Tout y allait de plus mal en plus mal, le prince n'avait plus l'obéissance de ses sujets ; sans parler de la guerre avec la France, la guerre d'Utrecht devenait chaque jour plus grande et plus sanglante ; enfin, il semblait que personne ne gouvernât plus.

C'était donc un moment favorable pour les trahisons, et pour faire des appoitemens particuliers avec les seigneurs et les capitaines. C'est à quoi s'entendait fort bien M. d'Esquerdes. Il y employait beaucoup le sire de Coupigny [1]. Ce gentilhomme prétendait que si on lui donnait un comté, vingt mille francs de pension et quelque argent comptant, il déciderait le sire de Beveren, qui défendait si vaillamment Saint-Omer depuis cinq années, sinon à rendre la ville, du moins à la tenir en neutralité, et à prêter serment au roi de ne pas agir contre lui.

[1] Legrand.

Ce marché ne fut pas conclu, mais on réussit à en faire un très-profitable avec le sire de Cohen, commandant la ville d'Aire. Seulement il voulut sauver les apparences [1] et demanda à être assiégé. M. d'Esquerdes et le maréchal de Gié entourèrent la place et la battirent d'artillerie pendant huit jours. Le conseil du duc Maximilien envoya offrir au sire de Cohen de lui envoyer du secours. Il répondit qu'il pouvait facilement tenir pendant un mois, qu'ainsi il y avait tout loisir pour assembler une armée afin de faire lever le siége. Dès qu'il y eut une brèche, le traité fut conclu. La garnison eut permission de sortir avec ses armes et tout ce qui lui appartenait pour aller rejoindre le sire de Beveren, qui était capitaine en titre de la ville d'Aire. Pour le sire de Cohen, il eut une grosse somme d'argent, et par la suite fut capitaine d'une compagnie de cent lances.

Parmi tous les désordres qui désolaient alors les pays de Flandre, il se passa alors une aventure qui non-seulement y répandit le trouble

---

[1] Molinet. — De Troy. — Comines.

et l'effroi, mais inspira une horreur universelle dans la chrétienté [1]. Il y avait déjà quelques années que Guillaume d'Aremberg, surnommé le Sanglier des Ardennes, exerçait un grand pouvoir chez Louis de Bourbon, évêque de Liége. Il s'était fait nommer gouverneur ou mainbourg du pays; sous ce titre, et abusant de la faiblesse du prélat, il commettait mille excès et continuait le métier de brigand qu'il avait fait toute sa vie. Le roi avait eu plus d'une fois à réprimer les ravages du Sanglier des Ardennes, lorsqu'il faisait des courses sur les terres du royaume; mais comme il promettait depuis quelque tems de faciliter un libre passage aux Français pour aller attaquer le comté de Namur, il était secrètement favorisé. D'ailleurs le roi, qui croyait avoir à se plaindre de l'évêque de Liége, et qui n'avait pu jamais le faire déclarer contre le duc Maximilien, n'était pas fâché de le voir ainsi opprimé. Guillaume d'Aremberg, bienvenu des Liégeois qui n'aimaient point leur évêque et lui imputaient leurs anciens malheurs, pro-

[1] Molinet. — Amelgard.

tégé du roi de France, redouté de tous par sa violence, était donc le maître du pays beaucoup plus que Louis de Bourbon. Il s'était fait donner par le chapitre la riche seigneurie de Franchemont. Il disposait de tout, ôtait ou donnait les offices à son gré, tandis que l'évêque vivait abandonné et méprisé.

Les choses en vinrent au point qu'un jour le Sanglier des Ardennes tua de sa main un nommé Richard, secrétaire et garde du sceau de l'évêché. A ce dernier coup, l'évêque, las de tant d'outrages, prit courage, et, de concert avec les États du pays de Liége, bannit ce cruel mainbourg. Guillaume d'Aremberg alla se réfugier en France, et fit espérer plus que jamais au roi de lui livrer le pays de Liége, si l'on voulait l'aider à y entrer. Le roi ne pouvait faire un public accueil, ni reconnaître pour son allié un semblable chef de routiers ; cependant il lui fit remettre de l'argent [1], et le laissa faire librement ses préparatifs dans le royaume. Le Sanglier des Ardennes vint à Paris, y enrôla les mauvais su-

[1] De Troy. — Molinet.

jets, les larrons, les gens sans état, les vagabonds qui avaient jadis été dans les armées, et en forma une bande d'environ trois mille hommes. On lui permit même de prendre quelques gens de guerre. Il fit habiller tout son monde en robes rouges, avec une hure de sanglier brodée sur la manche, et s'achemina vers le pays de Liége.

L'évêque était à Huy; dès qu'il fut averti de cette terrible approche, il revint à Liége pour tenter de se défendre. Sa suite était peu nombreuse et formée de quelques nobles seulement, car il n'était point aimé des communes. Dès le lendemain, il manda dans son palais les syndics, et leur ordonna de lever les bannières de leurs métiers; mais il y avait, sinon mauvaise volonté, du moins grande indifférence à prendre la défense du prince. Tout bon qu'il était, il avait attiré les plus horribles maux sur son peuple; plus d'une fois, il avait appelé les armes des Bourguignons, et son pouvoir n'avait été rétabli que par la ruine de la ville et le massacre des habitans. Déjà Pierre Rousslaer, maire de Liége, et Thierri Pavillon, échevin, étaient allés avec d'autres rejoindre le Sanglier des Ardennes, et s'avançaient avec sa troupe. Les syndics promirent pourtant à l'évêque de lui obéir.

Pour lors, il s'arma et commanda qu'on lui amenât son cheval dans la cour de l'évêché. Quand il voulut mettre le pied à l'étrier, l'animal, qui d'ordinaire était doux et tranquille, se cabra comme s'il n'eût pas voulu se laisser monter. Cependant l'évêque persista dans son dessein, et sortit de son palais accompagné de quelques cavaliers, faisant porter devant lui la bannière de Saint-Lambert.

Les bourgeois ne s'étaient assemblés qu'en petit nombre, et semblaient marcher à regret. A chaque moment on en voyait quitter la troupe et rentrer chez eux. L'évêque était presque seul, quand il passa la porte de la ville. Il continuait pourtant à marcher devant lui, incertain, consterné, et ne pouvant rien résoudre. « Où me mène-t-on ? » disait-il. Il passa devant le couvent des chartreux, et leur fit dire de prier pour lui. Toujours avançant, il vit bientôt paraître quatre cavaliers de la bande ennemie, et à l'instant arriva sur lui, tout en fureur, Guillaume d'Aremberg lui-même.

On se trouvait pour lors dans un chemin étroit; l'évêque avait la tête désarmée; un des serviteurs qui l'accompagnaient portait son casque. « Louis de Bourbon, » cria le Sanglier des Ardennes, « je me suis offert et mis en peine » pour être de vos gens, et vous n'avez pas » voulu me recevoir. Aujourd'hui je vous trou- » ve. » Bientôt il lui porta un coup dans la gorge. Le pauvre évêque demanda humblement la vie; il rappela au sire d'Aremberg qu'il était né son vassal; que toujours il l'avait traité avec faveur et comblé de biens; qu'ils s'étaient promis foi et amitié; qu'il était le parrain d'un de ses enfans. Il lui offrit de le recevoir en grâce, de lui rendre tout le pouvoir qu'il avait, ou même un plus grand. Rien ne put apaiser la rage sanguinaire du Sanglier; il redoubla ses coups, de sa hache lui fendit la tête et l'abattit devant lui. Non content de l'avoir ainsi massacré, il fit traîner son corps jusque sur la place de Saint-Lambert, où il demeura exposé et dépouillé; puis on le jeta dans la Meuse, en défendant que la sépulture lui fût donnée.

Cela fait, Guillaume d'Aremberg entra dans

la ville, fit mettre à mort quelques-uns des serviteurs et du peu d'amis qu'avait ce malheureux évêque, et livra leurs maisons au pillage de ses gens. Puis il assembla les chanoines, leur ordonna d'élire pour évêque Jean de la Marck son fils, qu'il avait amené avec lui, signifiant que le chapitre resterait enfermé jusqu'à ce que cette élection fût faite. Il les contraignit encore d'engager aux banquiers florentins, établis à Cologne, les revenus de l'évêché pour plusieurs années, afin, disait-il, de pouvoir acheter en cour de Rome la confirmation de l'élection de son fils. Son pouvoir ainsi établi dans la ville, il permit pourtant aux cordeliers de chercher le corps de Louis de Bourbon, et de l'ensevelir; ensuite il envoya sommer tout le pays de Liége de reconnaître son autorité.

Sans parler même de l'épouvante que répandit un si grand crime dans tous les pays voisins, et de la pitié qu'inspirait le meurtre d'un évêque cousin du roi de France, oncle du duc d'Autriche, et aussi grand dans la noblesse que dans l'Église, il était pressant de pourvoir à la sûreté du comté de Namur et du duché de

Brabant[1]. On voyait de quoi était capable Guillaume d'Aremberg. Déjà il promettait son appui aux gens d'Utrecht; le duc de Clèves lui offrait son alliance et son secours. Il avait avec lui Jean de Neufchâtel et quelques gentilshommes de France. Le roi le favorisait. Il importait donc de ne pas lui laisser le temps de s'affermir; c'était le seul moyen de sauver des plus cruels ravages les états du duc Maximilien.

La noblesse de Brabant et du comté de Namur s'assembla promptement pour chasser Guillaume d'Aremberg. C'était le 30 août qu'avait péri le malheureux évêque. Trois jours après, les Brabançons étaient déjà entrés dans le pays de Liége. De moment en moment, arrivèrent ceux qui étaient plus éloignés des frontières, et les plus vaillans capitaines et serviteurs du duc Maximilien: le comte de Romont, le comte de Nassau, le sire de Breda et d'autres. Cette armée trouva d'abord peu de résistance, s'empara de Saint-Tron, d'Hasselt, de Tongres;

---

[1] Amelgard. — Molinet.

mais le siége de la ville de Liége n'était pas une entreprise facile, et cette guerre ne pouvait être terminée promptement.

Les forces du duc Maximilien se trouvant ainsi toutes employées, soit contre le Sanglier des Ardennes, soit contre la ville d'Utrecht, le roi pouvait de plus en plus prendre ses avantages pour traiter. Mais, en même temps, sa santé allait s'affaiblissant. Une nouvelle rechute l'avertissant encore une fois que sa fin pourrait bien être prochaine, il voulut voir son fils pour lui donner ses dernières instructions, et régler pour le mieux son avénement à la couronne.

Jusqu'alors il avait fort négligé le Dauphin, jamais il ne le voyait. On ne l'amenait point au Plessis, et le roi n'allait point à Amboise [1]. Chacun disait que cet enfant lui faisait ressentir plus de crainte que d'affection ; il se souvenait que lui-même dans sa jeunesse avait été mis à la tête de la faction de la Praguerie contre son père. Il voyait que dans tous les desseins qu'on formait contre lui, il était toujours question

---

[1] Comines. — Seyssel. — De Troy.

de gouverner au nom du Dauphin. De sorte qu'on usait de grandes précautions, soit pour qu'il ne fût pas enlevé, soit pour qu'il ne fût point parlé point de lui. Il était nourri et élevé à Amboise parmi les femmes, sans avoir autour de lui ni précepteurs ni domestiques qui eussent quelqu'importance. Il était défendu d'aller le visiter à Amboise; et le roi entrait même en soupçon et se montrait mécontent, lorsqu'il savait que quelque seigneur avait pris route par la ville d'Amboise. Il arriva qu'un jour le sire du Bouchage, qui était un des plus avant dans la confiance du roi, prit sur lui d'aller rendre ses devoirs à l'enfant. Pour le divertir un peu, il l'amena dans les champs, mais non loin du château, et fit prendre quelques perdreaux devant lui, dans une chasse au vol. Dès que le roi en fut instruit, il entra en grande colère, et personne ne songea plus à risquer une pareille chose. La chose était au point que l'on se demandait parfois parmi le vulgaire si le Dauphin était mort ou vivant. D'autres disaient que le roi avait cru à propos de supposer un héritier à la couronne, pour arrêter l'ambition des princes;

mais que l'enfant ne lui étant rien, il ne ressentait pour lui nulle tendresse.

Cet enfant, vivant ainsi seul et enfermé, n'avait rien qui pût lui élever le cœur, ni lui donner goût à devenir docte et sage. Le roi ne s'en mettait guère en peine et ne lui fit pas même enseigner le latin : « Je ne veux point » qu'il en sache d'autres paroles, disait-il en » plaisantant, sinon : *qui nescit dissimulare* » *nescit regnare* ; c'est tout ce qu'il faut de » latin à un prince.. »

Il est vrai que le Dauphin était de faible santé et fut souvent malade, quelquefois même dangereusement; pour lors le roi s'en montrait fort inquiet, et paternellement occupé[1]; il envoyait sans cesse savoir de ses nouvelles, et n'oubliait rien pour qu'il fût bien soigné et entouré de médecins habiles.

Maintenant qu'il voyait en son fils son prochain successeur, il commença à se comporter avec lui d'une autre sorte. Il fit composer sous ses yeux, par de bons et notables hommes, non point seulement doctes, mais

---

[1] Lettre du sire de Bauveau.

propres à la garde, défense et gouvernement du royaume, un petit volume qu'il appela le Rosier des guerres. C'était un recueil des plus pieuses, des plus sages, des plus nobles maximes, tant sur la façon de se bien conduire selon la loi de Dieu et la justice, que sur l'art de gouverner, de rendre les peuples heureux, sur la politique ; particulièrement sur la science de la guerre, sur les qualités qu'il y faut apporter, le choix des chefs, la discipline des soldats, les discours qu'on leur doit tenir, enfin, toute la conduite d'une armée. Rien n'est plus digne d'un loyal et vertueux prince que ce livre, et l'on n'y trouve nulle trace de ce que le roi Louis XI pratiquait dans les affaires ou disait dans ses discours familiers. Voulant laisser à son fils et aux temps à venir un témoignage solennel de ses pensées, il lui sembla que si la ruse et la violence convenaient par momens au bien des affaires, la justice est de tous les temps ; que le mal peut se pratiquer, mais qu'on ne saurait pourtant se résoudre à l'enseigner ; et que si par forme de plaisanterie, en devisant selon l'occasion de chaque jour, il avait pu montrer peu de souci des plus saintes maximes, du moins elles devaient trouver place nécessaire dans le beau langage d'un livre.

Ce livre devait être comme une préface ou préparation aux chroniques de France, qu'il fit aussi écrire pour son fils; « car, y est-il dit, la recordation des choses passées est moult profitable, tant pour se consoler, conseiller et conforter contre les adversités, que pour esquiver les inconvéniens auxquels les autres ont trébuché, et pour s'animer et s'efforcer à bien faire comme les meilleurs.... C'est aussi un grand plaisir et passe-temps de réciter les choses passées; comment, de quelle manière et en quel temps sont advenues les pertes, conquêtes ou réductions de pays..»

Avec un tel goût pour l'histoire, qui lui semblait la plus profitable et la plus récréative des sciences, le roi ne pouvait manquer à ce qui avait été constamment pratiqué par ses prédécesseurs; il avait veillé à ce que les chroniques tenues à Saint-Denis fussent continuées. Jean Castel, religieux de cette abbaye et abbé de Saint-Maur, avait été long-temps chargé de cet office, moyennant deux cents francs de pension. Lorsqu'il était mort, en 1479, ce qu'il avait écrit fut déposé à Saint-Denis dans un coffre à deux clefs. Le roi voulut en avoir connaissance, et commanda à Mathieu de Nanterre, président au Parlement, à Jacques Louet, garde du trésor des chartes, et à l'abbé de Saint-Denis de lui envoyer tout ce qui concernait les chroniques du royaume. C'était ainsi qu'en se raillant souvent des docteurs et leur préférant les gens qui connaissaient les affaires du monde; aimant aussi bien mieux converser d'une façon vulgaire et facile [1] qu'entendre ou faire de beaux discours, le roi Louis XI n'oubliait cependant pas les sciences et les lettres, et il voulut, mais un peu tard, les faire servir à l'éducation de son fils.

Ce n'était pas seulement des instructions de cette sorte qu'il pensa à lui laisser. Il désira lui faire connaître solennellement ses intentions sur la façon, dont il croyait que le royaume de France devait être gouverné après sa mort, et donner aux conseils de son expérience une sorte d'autorité qui lui pût survivre. En conséquence, il se rendit le 21

[1] Amelgard.

septembre à Amboise, et là, en présence de plusieurs des princes du sang, d'autres grands personnages et des gens de son conseil, il fit venir son fils, et lui tint un fort long discours.

Il parla d'abord de la fragilité des choses humaines et de leur brièveté; puis, de la grâce que Dieu lui avait faite de le choisir pour chef et gouverneur de la plus notable nation de la terre, où tant de rois ses prédécesseurs s'étaient montrés si grands, si vertueux et si vaillans, qu'ils avaient gagné le nom de très-chrétiens, en mettant et réduisant à la bonne foi catholique plusieurs grands pays et diverses nations habitées par les infidèles, en extirpant les hérésies, et entretenant le saint siége apostolique et la sainte église de Dieu en leurs droits, libertés et franchises; tellement qu'il y en avait un certain nombre tenu pour saints.

Ensuite il dit que, grâce à Dieu et à l'intercession de la sainte Vierge, il avait défendu et gouverné son royaume si bien, qu'il l'avait augmenté de toutes parts par sa grande sollicitude et diligence, et aussi avec l'aide de ses bons et loyaux officiers, serviteurs et sujets.

« Cependant, dit-il, tantôt après notre avénement à la couronne, les princes et seigneurs de notre sang et autres grands seigneurs ont conspiré contre nous et la chose publique de notre royaume, tellement que, par le moyen de ces pratiques et trahisons, de si grandes guerres et divisions ont pris source, qu'il en est advenu merveilleuse effusion de sang humain, destruction du pays, désolation du peuple, qui ont duré depuis notre avénement jusqu'à présent, qui ne sont point encore tout éteintes, et qui, après la fin de nos jours, pourraient recommencer et longuement durer, si l'on n'y donnait pas bonne provision.

» C'est pourquoi nous avons eu égard à ces choses : nous avons aussi considéré l'âge où nous sommes, la maladie qui nous est survenue, pour laquelle nous sommes allé en très-grande dévotion voir et visiter le glorieux corps de ce grand ami de Dieu, monsieur saint Claude, ce qui nous a grandement soulagé, et ce qui nous a, avec l'aide de notre Créateur, de sa sainte Mère et dudit saint, fait revenir de ce voyage en bonne prospérité et santé. Alors nous avons conclu et résolu de venir vous voir, vous, notre très-cher fils Charles, Dauphin de Viennois, et de vous raconter plusieurs belles et notables choses, pour l'édification de votre vie, vos bonnes mœurs, le gouvernement et la conduite de la couronne de France, s'il plaît à Dieu qu'elle vous advienne après nous, ainsi que nous le souhaitons; car c'est votre véritable héritage, et vous le devez entretenir et gouverner à votre honneur et louange, au profit et utilité des sujets et de la chose publique de votre royaume. »

Il lui recommanda d'abord de se conduire par les conseils de ses parens, des seigneurs de son sang, des autres grands seigneurs, barons, chevaliers, capitaines, et autres gens sages, notables et de bon conseil, de ceux surtout qui lui avaient été bons et loyaux serviteurs.

Il lui ordonna et enjoignit expressément de maintenir dans leurs charges et offices les princes du sang, les autres barons, seigneurs, gouverneurs, chevaliers, écuyers, capitaines, chefs de guerre, tous autres ayant charge ou conduite de gens, villes, places ou forteresses; et aussi les officiers ayant office tant de judicature qu'autres, sans changer, destituer ni désappointer aucun d'eux, sinon qu'ils fussent trouvés être autrement que bons et loyaux, et après que la chose serait bien et dûment prouvée et déclarée par justice, ainsi que cela devait être.

Et sur cela il allégua son propre exemple [1]: « car, dit-il, quand le roi Charles, mon père,
» alla à Dieu et que je vins à la couronne, je
» désappointai plusieurs des bons et notables
» chevaliers du royaume, qui l'avaient servi et
» aidé à conquérir la Normandie et la Guyenne,
» à chasser les Anglais du royaume, à établir
» paix et bon ordre. Mal me prit de ces muta-
» tions d'offices, j'en eus la guerre du bien
» public, qui pensa tout perdre, et a produit
» tant de dommages et de destructions qui
» durent encore. Si vous faisiez le sembla-
» ble, il pourrait vous arriver semblablement
» et même pis. Ainsi, aimez sur toutes choses

[1] Comines.

» le bien, l'honneur et l'augmentation du
» royaume : ayez-y bien égard, et ne faites
» rien qui y soit contraire, quel que soit le cas
» advenant. »

Le roi demanda alors à son fils ce que lui en semblait, et s'il avait ferme propos et bonne intention d'accomplir tout ce qu'il venait de lui dire. L'enfant répondit qu'il se conformerait de bon cœur et selon son pouvoir aux enseignemens que son père venait de lui donner.

Pour plus de solennité, le roi lui ordonna de se retirer en une autre chambre avec les principaux seigneurs et conseillers, pour parler avec eux de tout ce qui venait de se dire, et bien aviser s'il voudrait obéir aux injonctions qui lui étaient faites.

Cette formalité remplie, le Dauphin rentra et dit à haute voix : « Monsieur, avec l'aide de
» Dieu, et quand son bon plaisir sera que les
» choses adviennent, j'obéirai à vos comman-
» demens, et ferai, maintiendrai et accompli-
» rai ce que vous m'avez enjoint, ainsi qu'il a
» été arrêté. » — « Puisque vous le voulez
» ainsi pour l'amour de moi, reprit le roi,

» levez-en la main. » Le Dauphin leva la main, et alors le roi continua.

Il entra alors dans le détail des services qu'il avait reçus de ses principaux serviteurs et officiers tant absens que présens, des motifs de la confiance qu'on devait avoir en eux, et les recommanda par leurs noms à son fils. Il lui dit d'écouter surtout les conseils de M. du Bouchage et du sire Gui Pot, bailli de Vermandois. Pour les choses de la guerre, il lui indiqua M. d'Esquerdes, comme un chevalier de bonne et de grande conduite, digne de toute confiance. Enfin, il n'oublia pas ses deux favoris, maître Olivier et Jean Doyat, gouverneur d'Auvergne; car plus il allait, plus ces deux hommes, haïs de tout le royaume, jouissaient de ses bonnes grâces.

Enfin, il parla de ses ennemis, des adversaires du royaume, de ceux à qui il imputait tant de troubles et de malheurs; disant à son fils comment il devait se garder d'eux, et quelle conduite il fallait tenir à leur égard.

Lorsque cette cérémonie fut terminée, le roi ordonna à maître Pierre Parent, son notaire et secrétaire, d'en dresser procès verbal, en rapportant tout ce qui s'y était dit ou fait, pour ensuite être envoyé au Parlement, à toutes les cours de justice et autres, à tous officiers quelconques, avec ordre de l'enregistrer et publier dans la forme des lettres-patentes. Maître Parent fut aussi autorisé à en délivrer expédition pour servir à qui de droit, de confirmation en leurs charges et offices, au nom du nouveau roi, après son avénement.

Le roi, qui prévoyait bien que si, après sa mort, le royaume était troublé par quelqu'un des princes de son sang, ce serait par le duc d'Orléans, voulut aussi essayer d'y pourvoir. Le duc de Bourbon était déjà âgé, d'un caractère irrésolu et d'une santé languissante ; il n'avait point d'enfans ; c'était son frère le sire de Beaujeu, gendre du roi, qui devait être son héritier. Le comte de Nevers, dernier prince de la maison de Bourgogne, n'avait pas non plus d'enfant mâle, et il était si peu ambitieux ou d'une telle faiblesse de volonté, qu'il n'avait rien réclamé de la succession de son cousin le feu duc Charles, tandis qu'il avait droit à l'avoir presque entière. Le comte du Perche, fils du duc d'Alençon, était à la Bastille. Le comte de

Montpensier avait plus de quatre-vingts ans ; son fils, Gilbert de Bourbon, était gouverneur du Poitou et n'avait jamais donné nulle inquiétude au roi. François de Bourbon, comte de Vendôme, était un enfant. Le comte d'Angoulême ne semblait pas d'un caractère entreprenant.

Le duc d'Orléans, mari de madame Jeanne de France, avait, au contraire, laissé voir ce qu'on pouvait attendre de lui, et le roi son beau-père avait jugé d'avance ce qui en effet advint peu d'années après; car ce fut lui qui, avant de régner sous le nom du bon roi Louis XII, brouilla tout dans le royaume, pendant la minorité de Charles VIII.

Dans un temps où les droits des princes ne se réglaient que par la force et ne se maintenaient que par la crainte, il n'était pas facile d'assurer l'avenir, et comme il n'y avait nulle autorité qui pût contraindre les grands seigneurs à reconnaître et à suivre des lois dans le royaume, force était de recourir aux sermens, tout ainsi qu'avec des princes étrangers avec qui l'on traite de la paix. Ce fut le seul recours du roi Louis, qui souvent en avait essayé tant pour lui que pour les autres, et qui avait pu voir quelle en était l'efficacité.

Louis duc d'Orléans, pour lors âgé de vingt et un ans, fut donc conduit par le roi au château d'Amboise, et jura au nom de Dieu créateur, par le saint canon de la messe, par les saints évangiles touchés de sa main, sur la damnation de son âme, sur son honneur, sous peine d'encourir un perpétuel reproche, de servir loyalement le Dauphin quand il serait venu à la couronne; de ne prendre nulle alliance; de n'entrer en aucune entreprise contre le gouvernement; de révéler ce qui pourrait être tramé et qui viendrait à sa connaissance; enfin tout ce qui se promettait en pareil cas. Son serment faisait une mention particulière du duc de Bretagne; il s'engageait à ne point entretenir d'intelligence avec ce prince, à ne point croire et suivre ses avis s'ils étaient contraires au bien du royaume; car le roi jugeait encore que c'était là le danger, comme l'avenir le montra. Le duc d'Orléans faisait aussi une promesse à peu près pareille touchant le vicomte de Narbonne, qui avait épousé Marie d'Orléans sa sœur. Le roi connaissait ce seigneur pour difficile à conduire, et lui savait de secrets desseins sur le royaume de Navarre.

C'était ainsi que le roi voyait les choses aussi clairement qu'en aucun temps de sa vie, et pensait peut-être au bien du royaume plus qu'il n'avait jamais fait [1]. Mais arrivé à la fin de son règne et de ses jours, il ne trouvait plus le délai nécessaire pour réparer le mal qu'il avait suscité, pour apaiser ce qu'il avait troublé; pour calmer les esprits sourdement irrités; pour regagner la confiance et l'affection de ses sujets. Sans doute il s'était dit souvent que lorsqu'il aurait obtenu le succès de ses entreprises, lorsqu'il aurait conquis un pouvoir absolu et dompté ses ennemis du dehors et du dedans, alors il règlerait tout pour le mieux et rendrait les peuples tranquilles et riches. En attendant, il les avait faits malheureux et pauvres. Il allait mourir, et il ne restait de lui que les injustices qu'il avait commises, les cruautés qu'il avait prodiguées, et les maux infinis qu'il avait répandus sur tout le royaume.

[1] Comines.

De toutes les plaies qu'il avait faites à la France, celle qui devait saigner le plus longtemps [1], celle qui devait le plus charger son âme et même celle de ses successeurs, c'était cette quantité de gens de guerre qu'il avait levés et les terribles impôts qu'il fallait exiger pour les payer et entretenir. Le roi son père avait le premier commencé à mettre des tailles et autres subsides sans le consentement des États du royaume. La chose avait été excusée et même louée à cause du bien qui en était sorti. Le bon ordre avait été remis partout; la discipline établie parmi les gens de guerre; les pillages des routiers avaient cessé; puis la Normandie et la Guyenne avaient été reprises sur les Anglais. Une bonne et salutaire paix avait succédé à cette délivrance du royaume. Les compagnies d'ordonnance et les francs-archers ne servaient qu'à bien garder les provinces. Chacun voyait qu'elles étaient entretenues pour le bien public; dix-sept cents hommes d'ordonnance et dix-huit cent mille francs d'impôts suffisaient à un si bon emploi.

[1] Comines. — Amelgard.

Le roi Louis avait terriblement abusé de cette habitude qu'avaient prise les peuples d'acquitter les taxes sans qu'elles fussent consenties, et ils avaient payé cher la trop grande confiance que son père leur avait inspirée. Dès son avénement, il avait voulu, comme les princes d'Italie [1], avoir, non pas des gens d'armes et des francs-archers pour la défense et la conservation du pays, mais des bandes à sa pleine et entière obéissance, afin d'exécuter ses volontés et accomplir ses entreprises. Il lui avait fallu des capitaines qui fussent à lui à la vie et à la mort, à cause des grands biens qu'ils pouvaient avoir ou espérer de lui. Puis étaient arrivées les discordes dans le royaume, les guerres pour le Roussillon, la querelle sanglante avec le duc de Bourgogne, enfin la conquête de son héritage. De sorte que chaque année le nombre des gens de guerre avait augmenté, et avec eux la charge des impôts. Maintenant le roi avait quatre ou cinq mille hommes d'ordonnance, six ou huit mille Suisses et plus de douze mille gens

[1] Comines.

de pied, soit pour tenir la campagne, soit pour garder les villes. L'artillerie était immense. Afin de payer une telle armée, il fallait lever quatre millions sept cent mille francs, ce qui était trois fois plus que sous l'autre règne. Encore les gens de guerre n'observaient-ils aucune discipline, et pillaient-ils tout sur leur passage.

Aussi la misère du royaume était-elle vraiment lamentable [1]. Les choses en étaient venues au point qu'on ne pouvait même plus dire que le pauvre peuple portait le fardeau des impôts : il y succombait et périssait à la peine. Une année de mauvaise récolte après un hiver rigoureux était venue s'ajouter à tant de détresse. Les maladies et la famine faisaient d'effroyables ravages. On n'entendait partout que plaintes et gémissemens, qui ne désarmaient pas la rudesse, la violence et les injustices des collecteurs. « Qui jamais eût imaginé,
» disaient, non pas même le vulgaire mais
» les hommes graves et sages, qui eût pu croire
» qu'on verrait traiter ainsi ce pauvre peuple,

[1] États de 1843. — Amelgard. — Seyssel.

» jadis nommé Français ? Maintenant c'est un
» peuple de pire condition que le serf; car le
» serf du moins est nourri par son maître, tan-
» dis que le peuple est assommé de charges in-
» supportables. »

Les uns quittaient leurs champs et leurs pauvres cabanes, et s'en allaient chercher asile hors du royaume. Il y en eut beaucoup qui vinrent en Bretagne. D'autres même se trouvèrent si désespérés qu'ils allèrent en Angleterre chercher leur vie chez les anciens ennemis de la France. On vit des malheureux tuer leur femme et leurs enfans, puis se tuer après. Ailleurs, les bestiaux ayant été enlevés par les collecteurs, le laboureur attelait à sa charrue ses fils ou sa femme. Il y en avait qui n'osaient cultiver leur terre que pendant la nuit de peur d'être aperçus et taxés plus fort.

En outre des désordres infinis se commettaient dans la perception de ces impôts. Les gens qui en étaient chargés se sentaient appuyés de l'autorité d'un maître dur et impitoyable; comme il faisait punir sans miséricorde toute rébellion ou résistance, ces gens-là ne prenaient aucun souci de bien remplir leur office. Ils rançonnaient les paysans pour leur propre compte, divisaient l'impôt à leur guise et sans autre règle que leur volonté. Telle paroisse payait deux fois; tel particulier était mis en prison pour son voisin. La patience des peuples était à bout.

Le roi connaissait l'état du royaume; ce n'était pas le moindre motif de sa tristesse, de sa méfiance et des idées qu'il se faisait sur les périls dont il se croyait environné. Il eût bien voulu soulager ses sujets; mais la paix n'était pas encore faite, et pour l'avoir profitable, il fallait encore montrer une armée redoutable. D'ailleurs, puisque le peuple était mécontent, il importait d'autant plus d'avoir des gens de guerre pour le maintenir en obéissance. Plusieurs années de sagesse et d'habileté auraient à peine suffi pour tout ramener à un point raisonnable.

Mais si le roi savait le mal, jamais il n'avait été moins disposé à écouter la moindre remontrance, le moindre conseil; jamais il n'avait été si ombrageux et si irritable sur tout ce qui touchait à son pouvoir. Il ne pouvait plus endurer que des serviteurs humbles, de petite condition; il lui plaisait même que leur mauvaise renommée les rendît plus soumis et dévoués. Ceux-là ne lui parlaient jamais d'affaires, hormis de celles pour lesquelles ils recevaient ses commandemens, comme de la conclusion de la paix ou de ses armées, jamais des choses de l'intérieur du royaume.

C'est ce qu'on put bien voir par ce qui arriva alors à Hélie de Bourdeilles, archevêque de Tours. C'était le plus respectable prélat du royaume. Le roi s'étant recommandé à ses prières, afin d'obtenir de Dieu le rétablissement de sa santé, le saint évêque en prit occasion de faire très-humblement quelques remontrances au roi. Il lui parla du malheur des peuples, du fardeau des tailles [1], et lui fit entendre que rien ne serait plus agréable à Dieu que de donner quelque soulagement au royaume. Il insista encore plus sur la façon dont le roi avait traité l'Église et le clergé. En effet, malgré sa dévotion, nul prince n'avait peut-être eu moins d'égards pour l'ordre ecclésiastique. Le cardinal Balue avait passé douze ans dans une cage de fer;

[1] Seyssel. — Legrand et pièces.

l'évêque de Verdun. avait aussi souffert une longue prison; l'évêque de Coutances avait été mis en justice et détenu. L'évêque de Laon, fils du connétable de Saint-Pol ; l'évêque de Castres, frère du duc de Nemours, avaient été éloignés de leur siége ; d'autres avaient eu leur temporel saisi. Ce qui semblait encore plus fort, le cardinal de Saint-Pierre, légat du pape, avait été arrêté à Lyon en 1476. L'archevêque de Tours pensait que c'était de lourdes charges sur la conscience du roi.

Les avis de l'archevêque furent mal reçus du roi. Il dit que pour parler ainsi, il fallait être ennemi de lui et du royaume, ou bien ignorant des affaires ; que c'était ne point connaître la nécessité des choses, et qu'à écouter de tels conseils on perdrait le royaume. Il chargea l'archevêque de Narbonne d'écrire au chancelier, pour lui ordonner de réprimander l'archevêque. Trouvant sans doute que ce n'était pas assez montrer sa volonté, lui-même écrivit la lettre suivante :

« Monsieur le chancelier, vous répondrez à M. de Tours, de par moi, que depuis que je connais la grande plaie qu'il voulait faire contre la couronne, je ferais un grand péché, et je craindrais beaucoup pour ma conscience, si je le croyais en rien, si je lui demandais conseil, et assurément je ne voudrais en rien lui en demander, ni le mêler d'aucune chose.

» Item, vous lui direz que quand je lui ai écrit, c'était afin qu'il voulût bien prier Dieu pour ma santé; par quoi il n'avait que faire de se mêler plus avant; car il me semble qu'il est tenu à plus envers moi, qu'envers le cardinal Balue, ou le cardinal Sancti-Petri *ad Vincula*.

» Item, dites-lui qu'il me déplaît fort qu'il ait mis ainsi la main à la charrue, et se soit ingéré à regarder en arrière. Tant que je le verrai partial, je ne voudrai pas me fier à lui.

» Chancelier, s'il y a un homme qui se plaigne, je ne le crains en rien. Faites justice incontinent de celui qui a tort, mandez-le-moi, et laissez là toutes mes besognes pour celle-là. Écrit à Meung-sur-Loire, 24 août. »

Le chancelier alla trouver le digne archevêque, et lui parla sévèrement au nom du roi. Il rappela la dévotion de ce prince, son respect pour le saint siége, et maintint qu'il n'avait rien fait que maintenir l'autorité et juridiction de la couronne; selon les sermens faits à son sacre : sermens faits sur de saintes choses envoyées du ciel et apportées par les anges, et qui, certes, n'étaient pas moindres que les choses qui servaient à sacrer les évêques et archevêques. Enfin, après ces réprimandes, le chancelier somma l'archevêque de déclarer s'il voulait observer le serment de fidélité qu'il avait fait au roi. C'en fut assez pour rendre bien humble et repentant l'archevêque de Tours, qui se mit en grande peine pour se justifier auprès du roi et regagner ses bonnes grâces.

Mais tel était l'esprit du roi, que, tout en maintenant avec aigreur et fierté qu'il n'avait agi que selon la justice et ses droits envers le clergé, il ressentait en lui-même une sorte d'inquiétude, et craignait, soit d'avoir commis un péché, soit de s'être fait de puissans ennemis auprès de Dieu. Aussi fit-il solliciter du pape l'absolution pour avoir détenu si long-temps le cardinal Balue et l'évêque de Verdun. Il ne voulait pas que ce dernier conservât un siége dans le royaume, mais il ne s'y prit plus avec violence, et obtint du pape que Guillaume d'Harancourt serait transféré à l'évêché de Vintimille, sauf à compenser la différence des revenus. Le chancelier eut aussi ordre d'examiner les griefs des divers prélats pour lesquels l'archevêque de Tours avait porté plainte; de sorte que, sur ce point, sa remontrance, toute mal reçue qu'elle eût été, ne laissa pas de produire quelque effet.

Le Parlement se montrait plus ferme que le clergé, dans les refus qu'il faisait parfois de céder aux volontés du roi. Jean de Saint-Romain, procureur général, qui depuis beaucoup d'années se comportait avec un grand amour de la justice et sans trop de complaisance pour ce qu'on voulait exiger de lui, avait fini par mécontenter le roi, au point qu'il lui ôta son office. Le Parlement, affligé qu'on eût désappointé un homme si sage et de si bonne renommée, refusa d'abord de recevoir Michel de Pons qui lui avait été donné pour successeur. Il fallut que Jean de Saint-Romain vînt lui-même déclarer que depuis l'ordre du roi il avait cessé de s'acquitter de sa charge. Alors seulement le Parlement la regarda comme vacante; il fut même donné de nouvelles lettres à Michel de Pons. C'était en 1481.

Vers la fin de la même année, le procès du comte du Perche fut envoyé au Parlement; il commença par réclamer que la cour fût suffisamment garnie de pairs, attendu qu'il était pair du royaume. Le roi fut consulté et répondit que, lorsqu'il avait accordé abolition au comte du Perche et lui avait remis ses biens, c'était sous la condition qu'en cas de nouvelle forfaiture, il perdrait le privilége de pairie. Le comte lui-même y avait acquiescé formellement. On procéda donc à son égard comme contre un simple gentilhomme, mais ce fût en toute justice, et la volonté que montrait le roi de le faire condamner ne détourna point le Parlement de son devoir. La procédure dura plus d'une année, et se termina par un arrêt qui montrait des ménagemens pour le roi, mais ne le pouvait satisfaire. Il portait que le comte du Perche avait été constitué prisonnier pour de bonnes et justes causes, et qu'attendu les fautes et désobéissances par lui commises, il devait demander au roi merci et pardon et jurer solennellement de le bien et loyalement servir désormais. De plus, il fut dit qu'il recevrait garnison royale dans ses places et forteresses.

Il y eut peu après une autre occasion où le Parlement ne céda point au gré du roi. M. de Craon venait de mourir, et le comté de Ligni, qu'il avait reçu après la confiscation du connétable de Saint-Pol, faisait retour à la couronne. Le roi en fit donation à l'amiral de Bourbon : ce fut cette donation que le Parlement refusa d'enregistrer. Jamais sous aucun règne il ne s'était fait autant d'aliénations du domaine de la couronne. Le roi avait mis à l'écart les anciennes lois du royaume à ce sujet, et disposait librement du domaine en faveur des églises, des couvens ou des laïques. Diminuant ainsi ses revenus, il lui fallait accroître d'autant les impôts. Le Parlement n'enregistra ce nouvel acte de munificence que sur l'exprès commandement du roi mentionné sur le registre.

Toutefois, quelle que fut la volonté absolue du roi et la jalousie qu'il avait de son autorité, il se montrait parfois, depuis qu'il songeait à sa fin, surpris de quelques scrupules, ou du moins il cherchait à établir les choses de manière à se passer plus régulièrement après lui. Un peu de temps avant de partir pour Saint-Claude il écrivit au Parlement : « De par le roi, nos âmés et féaux, nous vous envoyons le double des sermens qu'à notre avénement à la couronne nous avons faits. Et comme nous désirons les entretenir, et faire justice à chacun ainsi qu'il appartient, nous vous prions et mandons très-expressément que de votre part vous y entendiez et vaquiez tellement, que par votre faute aucune plainte ne puisse advenir, ni charger notre conscience. »

L'année suivante il se présenta une affaire où le Parlement se montra plus ferme que jamais à remplir les devoirs que le roi avait semblé lui rappeler, et sut, pour cette fois, faire écouter ses remontrances [1]. Les intempéries des saisons, et la misère des campagnes avaient produit une disette qui jetait partout l'inquiétude. Le roi avait rendu un édit, sans le faire enregistrer au Parlement, par lequel il défendait de transpor-

[1] Garnier. — Legrand. — Histoire de Paris.

ter ni blé, ni vin hors du royaume ; il y était dit aussi que partout où des commissaires se présenteraient au nom du roi pour acheter des grains, il leur en serait délivré de préférence à tous autres et à un prix raisonnable. Bientôt on ne trouva plus à acheter de grains dans la Beausse d'où se tirait toute la provision de Paris. Des hommes munis de commissions du roi se présentaient sur les marchés, et chacun ne songeait qu'à cacher son blé pour qu'il ne fût pas acheté par contrainte et à bas prix. La crainte saisit les gens de Paris ; ils se virent menacés d'une horrible famine. Jean Allardeau, évêque de Marseille, ancien serviteur du roi René, que le roi venait de nommer son lieutenant général à Paris, assembla les gens de la ville et il fut résolu que le prevôt des marchands et les échevins iraient vers le roi lui faire des remontrances. Le Parlement y envoya aussi.

Ce fut sans doute en cette occasion que Jean de La Vacquerié, premier président du Parlement, se montra si ferme et parla au

[1] 1482, v. s. L'année commença le 30 mars.

roi comme jamais personne ne lui avait parlé. Il venait d'être récemment nommé à cette haute charge pour remplacer Jean Le Boulanger, qui avait, ainsi que beaucoup d'autres hommes fort estimés, succombé à l'épidémie dont le royaume était ravagé. Bien qu'il fût entièrement redevable d'une si grande fortune au roi, qui l'avait retiré du service de Bourgogne, et qui, en ce moment même, l'avait choisi parmi ses ambassadeurs pour traiter de la paix, le président de La Vacquerie lui remontra fortement le mal que produisaient ses édits. Le roi rappela alors la résistance que le Parlement faisait sans cesse à ses volontés, et tous les édits qu'on avait si souvent refusé d'enregistrer. Comme il s'emportait en menaces, le président de La Vacquerie, qui était suivi de beaucoup de présidens et de conseillers, revêtus de leurs robes rouges, répondit gravement : « Sire, nous remettons nos char-
» ges entre vos mains, et nous souffrirons
» tout ce qu'il vous plaira, plutôt que d'offen-
» ser nos consciences en vérifiant des édits que
» nous croyons contre le bien du royaume. »

Soit que le roi ne voulût pas risquer le repos d'une ville comme Paris, en maintenant son édit sur les grains, soit que la fermeté de ce digne président lui eût plu, il répondit avec douceur, qu'il les remerciait; qu'il leur serait toujours bon roi, et ne les voulait pas forcer à rien faire contre leur conscience. Puis il donna l'ordre que les greniers fussent ouverts, et les blés portés sur le marché pour y être librement achetés.

Comme c'est la seule fois que le Parlement ait fait des remontrances au roi Louis XI sous la présidence de Jean de La Vacquerie, et la seule fois aussi que le roi ait déféré à des remontrances, on peut croire que c'est en cette occasion que se passa ce fait; qui d'ailleurs n'est point douteux [1], bien qu'on ne le trouve pas sur les registres du Parlement. Le nom du président de La Vacquerie demeura en vénération parmi les magistrats, et cent ans après le chancelier de L'Hôpital le proposait encore comme le modèle de la vertu et de la probité.

[1] Bodin, De la République, 1577. — Extrait des Mémoires des affaires du clergé, 1625. — Remontrances du Parlement, 1615. — Mathieu, Histoire de Louis XI, 1620. — Garnier.

Cependant le roi, pressé par le déclin rapide de ses forces, et voyant sa vie se détruire de moment en moment avait chaque jour plus de désir de terminer la guerre par un profitable traité. Mais comme la principale condition devait être le mariage du Dauphin et de mademoiselle Marguerite d'Autriche, il y avait de grands ménagemens à garder à cause du roi d'Angleterre. La prudence voulait que cette négociation fût conclue presque aussitôt qu'elle serait ouvertement commencée; sans cela, le roi Édouard, irrité de ce qu'on lui manquait de foi en préférant mademoiselle Marguerite à sa fille déjà fiancée au Dauphin, aurait pu donner sur-le-champ de grands secours au duc Maximilien; ce prince, qui était fort opposé à ce traité, et qui ne pouvait y consentir que par contrainte, se serait alors trouvé heureux de recommencer la guerre avec une meilleure espérance.

Ainsi la chose fut menée secrètement pendant plus de quatre mois. Les gens de Gand semblaient plus pressés que le roi. Après avoir agi depuis tant d'années par haine contre lui et contre la France, ils étaient maintenant tout aussi empressés dans des sentimens contraires. Ce n'est pas qu'ils eussent la moindre envie d'être joints au royaume. Loin de là, ils voyaient dans le mariage de mademoiselle d'Autriche un moyen de détruire à jamais cette puissance de Bourgogne qui les avait opprimés. En donnant pour dot à leur jeune princesse toutes les provinces et seigneuries où l'on parlait la langue française, hormis les villes qui servaient de défense à leurs frontières [1], la Flandre flamande se trouverait séparée de la France et aurait pour seigneur un prince peu puissant, hors d'état de ruiner les libertés du pays. C'était l'idée qu'avaient toujours eue les Gantois; mais ils y venaient par une autre voie.

De sorte que, de leur côté, il n'y avait rien de caché dans la volonté qu'ils avaient de faire ce mariage, et ils s'en croyaient d'autant plus maîtres, que mademoiselle Marguerite était entre leurs mains. Les envoyés publics ou secrets du roi recevaient l'accueil le plus amical. Il ne venait pas un trompette français dans la ville

[1] Comines.

qu'il ne fût entouré sur la place, pour s'informer des nouvelles du roi et surtout du Dauphin. On ne prenait aucune patience de tant de retards, et l'on menaçait sans cesse de se donner à l'Angleterre, si le roi hésitait encore à vouloir un si beau mariage pour son fils.

Mais il fallait faire consentir le duc Maximilien à subir de si rudes conditions. Les messages du roi y auraient été peu efficaces; la volonté hautaine des Flamands, et l'embarras de plus en plus grand où se trouvait ce jeune prince eurent plus de pouvoir sur lui; il se trouvait sans argent et sans appui au milieu d'un pays étranger, sans aucun conseiller habile. Tout ce qui avait composé la puissance et le gouvernement de cette vaste domination de Bourgogne, était maintenant dispersé et détruit. Enfin, les états de Flandre, de Brabant, de Hainaut et de toutes les provinces et seigneuries bourguignones, hormis le Duché, la Comté, le Luxembourg et la Gueldres, s'assemblèrent à Alost et signifièrent au duc Maximilien qu'il fallait que ce mariage se fît; il y eut alors nécessité de se rendre au vouloir si fortement prononcé de tous ses sujets.

Le 6 novembre 1482, Maximilien d'Autriche, qui, pour la première fois, prit à ce moment le titre d'Archiduc, donna à quarante-huit députés qui lui furent désignés par les États, pouvoir de traiter de la paix avec le roi de France, et de conclure le mariage de mademoiselle Marguerite avec le Dauphin, aux conditions qui avaient déjà été réglées dans des conférences préalables. Ces députés reçurent aussi les pouvoirs des États, avec une autorité spéciale, absolue et irrévocable, donnée au nom des pays pour lesquels les États se faisaient forts, et aussi au nom des jeunes princes, attendu leur âge. « Comme leurs bons et loyaux sujets, nous pouvons, et il nous est loisible, d'avoir regard et soin d'eux, et du bien de leur pays. » Ainsi s'exprimaient les États ; et tel était le terme où ils avaient réduit l'Archiduc.

Le roi n'avait pas nommé tant d'ambassadeurs. M. d'Esquerdes, Olivier de Coetmen, gouverneur d'Arras, le président de La Vacquerie, et Jean Guérin, son maître d'hôtel, avaient reçu ses pouvoirs le 4 décembre. Ils se rendirent à Arras, que le roi seul s'obstinait à nommer Franchise. Tout était à peu près réglé d'avance ; il n'y eut pas de longs pourparlers. La principale difficulté portait sur les comtés d'Artois et de Bourgogne, que le roi voulait considérer comme faisant partie du royaume, et que les ambassadeurs flamands n'entendaient lui céder qu'à titre de dot de mademoiselle Marguerite. Les Flamands ne voulurent pas non plus, quelque apparens que fussent les droits de la couronne à la possession de Lille, Douai et Orchies, laisser entre les mains du roi les clefs de leur frontière. Sur ces deux points, ils se montrèrent si résolus, que les ambassadeurs de France, pressés de conclure une paix d'ailleurs si avantageuse, firent consentir le roi à céder. Le traité fut signé le 23 décembre 1482.

Le premier article de la paix était le mariage entre le Dauphin et mademoiselle d'Autriche ; on promettait qu'aussitôt après les ratifications du traité, elle serait remise au roi pour qu'il la fît nourrir, garder et entretenir, comme sa fille aînée, femme de son fils.

En faveur de ce mariage, l'Archiduc et les

États de ses pays donnaient pour dot de ladite demoiselle, les comtés d'Artois, de Bourgogne, les seigneuries de Mâcon, Auxerre, Salins, Bar-sur-Seine et Noyers.

Il était stipulé que ces diverses seigneuries, notamment la ville d'Arras, seraient gouvernées d'après leurs droits, usages et priviléges accoutumés, au nom du Dauphin futur, mari de mademoiselle d'Autriche.

Saint-Omer devait être remis par l'Archiduc à la garde des bourgeois et habitans de la ville, sous serment de la tenir en neutralité jusqu'à l'accomplissement du mariage : alors seulement le Dauphin devait en prendre possession. Toutes les précautions possibles étaient prises pour la conservation de cette neutralité.

Cette grande dot devait, et la chose était expressément stipulée, revenir à l'Archiduc ou à son fils si le mariage ne s'accomplissait pas, si mademoiselle d'Autriche décédait auparavant, ou si elle mourait sans enfans.

Le roi abandonnait ses prétentions sur Lille, Douai et Orchies, mais pourrait les faire valoir dans le cas où la dot viendrait à être restituée.

Le roi et le Dauphin se chargeaient de payer les dettes, et de servir les rentes constituées à titre d'emprunts, dans les diverses seigneuries, par le feu duc Charles et sa fille Marie. Toutefois, les dettes contractées dans la Comté ne devaient être reconnues qu'après la production et l'examen des titres de créance. C'était à cause de tout le désordre où le prince d'Orange et la dernière guerre avaient mis cette province.

Les pensions assignées aux anciens officiers par les défunts Ducs et la duchesse Marie, étaient aussi garanties. Mais le roi ne s'engageait à maintenir ceux qui exerçaient encore leur office, que s'ils étaient reconnus capables et suffisans.

Le roi promettait de ne s'entremettre en rien du gouvernement des pays du jeune duc Philippe, sous prétexte de sa minorité. Si ce jeune prince venait à mourir sans enfans, le roi promettait que lui, son fils ou autres successeurs ne changeraient rien aux franchises et libertés des pays qui leur écherraient par ledit héritage.

Les États reconnaissaient la haute souveraineté du roi, et le droit qu'il avait à l'hommage du comte de Flandre; lui, de son côté, confirmait tous les priviléges anciens et nouveaux des villes et communes, notamment ceux qu'elles avaient récemment obtenus de la feue duchesse Marie.

La juridiction tant et si long-temps contestée du Parlement de Paris, était reconnue ne pas s'étendre aux pays de Flandre, et l'on ne pouvait appeler de leur justice à aucune cour du royaume, ni au grand conseil du roi. Lille, Douai et Orchies restaient seules soumises à cette juridiction.

Vingt mille écus en or étaient assignés pour le rachat de la portion du douaire de madame Marguerite, duchesse douairière, qui était dans le duché de Bourgogne, et le roi promettait de la conforter et aider comme sa parente et cousine.

Abolition générale était accordée à tous ceux qui avaient tenu le parti du feu duc Charles, de la duchesse Marie sa fille, et de l'Archiduc, et qui les avaient servis soit par les armes, soit par des voyages en Angleterre ou en Bretagne, soit par conseils, paroles ou écrits. Chacun pouvait, s'il le croyait à propos, se faire délivrer expédition de cette amnistie. L'Archiduc en accordait aussi une de son côté.

Les sujets, serviteurs d'un parti et de l'autre, prélats, chapitres, couvens, nobles, corps de villes, communautés et particuliers de tout état et condition, devaient reprendre leurs dignités, bénéfices, fiefs, terres, seigneuries, héritages et rentes pour en jouir selon leurs titres. Ainsi toute confiscation cessait son effet, et toute vente ou autre disposition faites desdits biens étaient déclarées nulles. Si l'expropriation avait eu lieu par autorité de justice, et pour paiement de dettes, l'ancien possesseur pouvait rentrer dans son bien en acquittant le montant de sa dette, s'il y avait eu précédente hypothèque. Autrement si l'on avait exproprié pour une dette personnelle au nouveau possesseur, la vente était nulle. Dans ces restitutions, les héritiers pouvaient se présenter au lieu et place de ceux dont ils tenaient lieu.

Aucune répétition pour dommages ou jouissance de revenu ne pouvait être faite ni contre les commissaires des princes, ni contre ceux qui avaient joui des biens à titre de don.

Les possesseurs reprenaient leurs domaines en l'état où ils les trouvaient.

Pour rentrer ainsi dans leurs biens, les possesseurs n'étaient pas même tenus de résider ou de faire serment au prince ou seigneur dans les états duquel ils étaient situés, sauf les vassaux et tenans-fiefs. Si c'était l'héritier qui se présentait au lieu et place du possesseur décédé, un délai lui était accordé pour payer les droits de relief et autres, dus au seigneur à raison de l'ouverture de la succession.

Les confiscations opérées sur le connétable de Saint-Pol et ses deux fils, ainsi que sur le sire de Croy, étaient déclarées nulles, comme les autres; mais à la charge de se pourvoir devant le roi, afin de faire régler les droits qui pouvaient être justement réclamés.

Le roi promettait ses bons offices pour faire rendre au comte de Romont son pays de Vaud et les domaines qui lui avaient été confisqués en Savoie.

Le prince d'Orange, la maison de Châlons, le sire de La Baume et le sire de Toulongeon s'étaient fait nommément comprendre dans la clause de restitution des biens, ainsi que les abbayes d'Anchin et de Saint-Waast qui avaient tenu le parti du duc d'Autriche. Mais au sujet des grandes donations que la duchesse Marie avait faites au prince d'Orange, dans la comté de Bourgogne, le roi déclarait ne pas savoir ce que c'était, et se réservait de prononcer ce qui lui semblerait à propos.

Les héritiers de ceux qui avaient été exécutés et mis à mort pour cause de la guerre, pouvaient aussi reprendre leurs biens, à moins toutefois que le procès n'eût été suivi devant les juges ordinaires.

Les ambassadeurs de Flandre demandèrent que les habitans de Franchise ou Arras, qui étaient épars soit dans le royaume, soit ailleurs, eussent permission de retourner librement dans leurs maisons et habitations, pour y reprendre leur marchandise ou métier. Cela fut accordé pour ceux qui étaient réfugiés dans les états de l'Archiduc; quant à ceux du royaume, il y avait été pourvu, répondirent les ambassadeurs du roi.

Les ambassadeurs de Flandre remontrèrent que les villes d'Arras, Aire, Lens, Bapaume, Béthune, et tous les villages environnans étaient maintenant comme déserts et abandonnés de leurs habitans ; ils demandèrent que, pour restaurer ce malheureux pays d'Artois, et afin qu'il pût se repeupler, on l'exemptât pour douze ans de tous aides et impôts ordinaires et extraordinaires, ainsi que de tous les arrérages. Le roi accorda six ans ; il confirma aussi le privilége accordé aux bourgeois et habitans de Douai, par la duchesse Marie, en récompense de leur fidélité, de ne payer ni aide ni taille pour les biens qu'ils possédaient en Artois.

Les nobles et possesseurs de fiefs dans les états de l'Archiduc et de son fils, qui avaient aussi des domaines ou fiefs dans le royaume, ne devaient pas être tenus à accomplir en personne le service militaire qu'ils devaient à ces deux princes.

Les sentences rendues précédemment au grand conseil des ducs de Bourgogne, ou par le parlement institué à Malines par le duc Charles, étaient reconnues bonnes et valables, à moins qu'elles ne touchassent directement aux droits du roi, ou qu'elles n'eussent été rendues dans une cause dont le Parlement de Paris avait connu.

Les causes qui étaient encore pendantes au grand conseil de Flandre ou à la cour de Malines, devaient, pour l'Artois seulement, être portées au Parlement de Paris, dans leur état actuel.

Les annoblissemens, amortissemens, transactions, faits par les Ducs, étaient reconnus par le roi, et les parties intéressées pouvaient sans frais en réclamer une nouvelle expédition.

Les abolitions, rémissions et pardons, donnés pour quelque motif que ce fût, étaient aussi déclarés valables. Aucune poursuite ne pouvait être faite au sujet des actes énoncés dans lesdites abolitions, rémissions ou pardons.

Les bénéfices conférés, et les expectatives accordées par les Ducs ou ceux de leurs vassaux qui avaient droit à le faire, étaient aussi reconnus, sans qu'on pût leur opposer la pragmatique, ni aucune loi ou ordonnance du royaume.

Le traité était déclaré commun à Tournai, Saint-Amand et Mortagne, que le roi possédait au delà des limites de son royaume, entre le Hainaut et la Flandre.

Le roi promettait de rendre, quelque disposition qu'il en eût pu faire, tout ce qu'il pouvait tenir encore dans le Luxembourg et le comté de Chimai.

L'hôtel de Flandre à Paris, et la maison de Conflans étaient rendus à l'Archiduc.

L'hôtel d'Artois était attribué à mademoiselle Marguerite.

Pour faciliter le commerce entre les deux pays, le roi promettait d'ôter autant que possible les garnisons de ses places frontières, et de diminuer celles qui lui sembleraient indispensables.

Les ambassadeurs de l'Archiduc avaient demandé que le roi d'Angleterre et le duc de Bretagne fussent compris dans le traité; il fut répondu qu'on était en trêve avec l'Angleterre, et qu'une alliance avait été jurée par le duc de Bretagne.

Ils prièrent aussi le roi de mettre hors de son service et d'abandonner messire Guillaume d'Aremberg, de ne le secourir par voie directe ni indirecte, et de ne lui donner nulle assistance d'hommes ou d'argent, non plus qu'aux Liégeois, aux gens d'Utrecht et de Gueldres et au duc de Clèves. Il fut promis au nom du roi que, bien plus, il assisterait et aiderait le duc d'Autriche contre ses ennemis et malveillans.

La libre et sûre navigation des navires était réciproquement garantie, et ils pouvaient entrer et librement séjourner pour leur commerce dans les ports et rivières des deux pays sans être aucunement inquiétés.

Les malfaiteurs qui se retireraient d'un pays dans l'autre devaient être saisis et rendus, après information suffisante, au juge le plus proche de la frontière. Les infracteurs de la paix devaient être pris au lieu où ils se trouvaient, sans aucun renvoi, à moins que le délit n'eût été commis sur le pays voisin, auquel cas la remise du délinquant devait se faire sur-le-champ.

Quelles que fussent les contraventions à la paix, aucun des deux partis n'userait de revanche ni de représailles; mais avant d'avoir recours à la guerre, il serait parlementé entre les ambassadeurs du roi, de l'Archiduc et des États, pour s'efforcer d'apaiser amiablement les débats et discordes.

Enfin, de très-grands détails étaient réglés

sur la manière dont le roi, le Dauphin, l'Archiduc, les principaux seigneurs de France et de Flandre, les bonnes villes, l'Université de Paris, les États des provinces, et aussi les États, villes et communes de Flandre donneraient leurs scellés et sermens. C'était seulement après ces solennités que devait se faire la remise de mademoiselle Marguerite d'Autriche.

Pendant que de si grandes affaires se terminaient ainsi à l'avantage du roi, au gré de ses désirs, et lorsque sa bonne fortune lui rendait une occasion presque aussi favorable que celle qu'il avait manquée lors de la mort du duc Charles, il perdait chaque jour ses forces et déclinait rapidement vers la mort. Il était retourné s'enfermer dans son château du Plessis, et maintenant il n'en sortait plus. Il ne pouvait monter à cheval ni aller à la chasse; il était même trop faible pour descendre dans l'étroite cour de ce château. Son seul passe-temps était de se tenir dans la galerie qui conduisait à la chapelle. C'était une cruelle contrainte pour un génie si actif et si inquiet. L'ennui le dévorait et s'ajoutait à ses maux;

il ne savait comment s'en distraire : tantôt il faisait venir des joueurs d'instrumens, et il en eut jusqu'à cent vingt logés près du château ; tantôt il donnait ordre qu'on lui amenât des bergers et des bergères du Poitou, pour chanter et danser devant lui les joyeuses rondes de leur pays ; et une fois venus, il ne les regardait pas [1]. Pour remplacer la chasse, qui avait toujours été son divertissement favori, il imagina de faire prendre les souris du château par de petits chiens qu'on dressait à ce gibier. Et toujours absolu dans ses moindres fantaisies, il fit ordonner dans diverses villes [2], que tous les habitans eussent à présenter leurs chiens, afin qu'on pût choisir ceux qui étaient de race à chasser les souris.

Il avait aussi rempli le Plessis de toutes sortes d'animaux étrangers, et, dans sa fantaisie, il semblait qu'il n'en eût jamais assez. Il faisait venir des élans de Pologne, des rennes de Suède, des adives et de petites panthères de Barbarie ; mais surtout il lui fallait des chiens,

[1] De Troy.
[2] Amelgard.

de toutes sortes, des levrettes de Bretagne, des chiens couchans d'Espagne, de petits épagneuls à longs poils du royaume de Valence, des chiens courans d'Angleterre.

Les gens qu'il envoyait ou qu'il pensionnait dans toute la chrétienté, avaient commission de lui acheter ces raretés. Il lui semblait que cela ferait parler de lui dans les pays étrangers, et qu'on penserait par-là qu'il n'était ni mourant ni malade, comme le disait la voix publique. Y avait-il en Sicile quelque mule de prix, parlait-on à Naples de quelque beau cheval, on les achetait pour le roi de France, et il voulait qu'on les payât très-cher, plus que n'en voulait le vendeur, afin que la chose fît plus de bruit.

Mais c'étaient là ses moindres pensées ; ce qui l'occupait plus que toute autre chose, c'était sa méfiance. Elle était devenue telle depuis sa maladie, qu'elle semblait comme un affaiblissement d'esprit; encore qu'il montrât autant de sens que jamais dans la conduite des affaires de son royaume et dans la suite de ses discours.

Chaque année il avait environné son château

du Plessis de plus de murailles, de fossés et de grilles. Sur les tours étaient des guérites en fer à l'abri du trait et même de l'artillerie. Plus de dix-huit cents de ces planches hérissées de clous, qu'on nomme chausse-trapes, étaient dispersées sur le revers du fossé. Un nombre considérable d'arbalétriers veillaient tout à l'entour, et avaient ordre de tirer sur ceux qui approcheraient. Il y en avait chaque jour quatre cents de service; quarante à peu près étaient placés en sentinelles, et un guet nombreux faisait sans cesse des rondes. Tout passant suspect était saisi, amené au prevôt Tristan, qui ordonnait aussitôt son exécution. Les arbres aux environs du château étaient chargés de cadavres pendus. Les prisons du Plessis et les maisons voisines, dont on avait fait des lieux de détention, étaient remplies de prisonniers; souvent le jour ou la nuit, on entendait les cris lamentables de ceux qu'on mettait à la torture. Le roi parfois se les faisait amener, les interrogeait lui-même, ou se cachait derrière quelque porte pour leur voir donner la question. Il ne fallait pas de grands indices pour ordonner la potence, ou pour enfermer l'accusé en un sac et l'envoyer jeter dans la Loire. Tristan conduisait les procédures plus chaudement encore que le roi. Plus d'une fois, ce prince ému de quelque repentir chercha à réparer de son mieux des sentences trop précipitées, et la mort de fort honnêtes gens, comme lors de l'aventure du moine.

Il était donc en ce château aussi prisonnier, aussi étroitement gardé que ceux qu'il tenait en prison, et faisant aux hommes sensés autant de pitié que de crainte. Sa femme, il l'avait tenue à l'écart; son fils n'avait jamais été élevé sous ses yeux; sa fille Jeanne, duchesse d'Orléans, lui avait toujours déplu. La pauvre princesse, qui était pieuse comme une sainte, était petite, maigre, noire, voûtée, enfin si laide qu'il ne pouvait souffrir de la voir, et que lorsqu'elle avait à paraître devant lui, elle se tenait toute craintive derrière sa gouvernante[1], la dame de Lesquières, se cachant pour ainsi dire sous sa robe. Il n'avait non plus jamais montré beaucoup de tendresse à Anne, dame

[1] Mathieu.

de Beaujeu, son autre fille, qu'il aimait pourtant davantage, et qui était, disait-on, remplie de sens et de vertu. Un jour qu'il avait refusé un beau chien que lui voulait donner son compère M. du Lude, celui-ci lui dit : « En ce cas, il sera pour la plus sage dame du » royaume. » — « Qui donc? » demanda le roi. — « Ma très-honorée dame votre fille, ma-» dame de Beaujeu. » — « Dites la moins » folle, reprit le roi, car de femme sage, il » n'en est point [1]. »

Le roi menait donc la vie la plus renfermée et la plus solitaire, sans nulle compagnie de sa famille, ni des princes, ni des femmes, ni de ses serviteurs, ni des nobles de son royaume. Jadis il avait eu goût à deviser avec ses conseillers, à leur dire familièrement sa pensée; maintenant il avait écarté tout le monde de lui. Personne n'avait plus la permission d'habiter Tours, Amboise, ni les lieux circonvoisins. Il vivait avec des archers et des valets de chambre; encore en changeait-il souvent, soit par méfiance, soit pour faire sentir son pouvoir;

---

[1] Vénerie de Jacques Dufouilloux.

car c'était encore une de ses pensées de tous les jours. Il destituait, renvoyait, ôtait des pensions, se plaisait à tenir tout en inquiétude près de lui comme au loin, donnait des commandemens sévères uniquement par tourment d'esprit, et par l'idée qu'on était peut-être porté à le craindre moins. « On me croirait mort, » disait-il.

Le Plessis était comme une place de guerre : le pont-levis ne se baissait jamais avant huit heures du matin ; alors on relevait la garde, on plaçait les postes dans la cour, dans les fossés, sur le donjon ; puis la porte se refermait, et personne n'entrait plus que par le guichet. Pour le passer, il fallait un ordre du roi : tout mouvement, tout bruit inaccoutumé le mettaient en alarmes. Un visage nouveau le troublait, ou bien il prenait en déplaisance telle ou telle figure.

« Chancelier, écrivait-il un jour, je vous renvoie les lettres que vous m'avez écrites ; mais, je vous prie, ne m'en envoyez plus par celui qui me les a apportées, car je lui ai trouvé le visage terriblement changé depuis que je ne l'avais vu, et vous pouvez, par ma foi, dire qu'il m'a fait grand'peur. Et adieu. Écrit au Plessis-du-Parc[1]. »

Cette façon de vivre enfermé et caché à tous les yeux ne servait pas même à calmer son inquiétude et ses méfiances. Au contraire il savait y trouver un nouveau sujet de crainte. Il lui semblait que dans le royaume on devait le faire passer pour un homme à demi mort, privé de sens, incapable de gouverner, et que sans doute on attribuait à ces motifs la réclusion où il vivait. Alors il supposait que les princes ou les grands seigneurs avaient la pensée de faire quelque surprise sur le Plessis, de se saisir de sa personne, de l'enfermer et de mettre le royaume en tutelle. De sorte qu'il redoublait de précautions, et plus elles étaient grandes et étranges, plus croissaient dans son esprit les motifs pour en prendre de nouvelles. Peut-être ne se trompait-il pas tout-à-fait, et de tels projets passèrent-ils par la tête de quelques seigneurs ; mais il était plus simple d'attendre sa mort, si impatiemment désirée par tout le royaume.

[1] Manuscrits de la Bibliothèque du Roi.

Il y avait encore une autre cause qui le portait à se dérober aux regards. Il était si faible, si maigre, son visage était si changé, qu'il ressemblait à un squelette plus qu'à une créature vivante, et il lui déplaisait de se laisser voir en cet état. Il craignait d'être un objet de pitié et de dégoût, de ne plus imposer nul respect, de confirmer l'idée qu'on avait de sa mort prochaine. Enfin, montrer la majesté royale si chancelante et si détruite lui était une pensée insupportable. Lui, qui n'avait jamais pu souffrir le luxe et la richesse des vêtemens, qui ne s'était jamais vêtu que de bure et de futaine, maintenant portait de belles robes de satin cramoisi, brodées d'or et fourrées de martre, qui le faisaient paraître encore plus défait et décharné. A le voir ainsi vêtu, il eût semblé qu'il était déjà exposé sur le lit de parade de la chapelle funéraire.

Il fallut pourtant, quelque déplaisir qu'il en eût[2], qu'il se laissât voir aux ambassadeurs des États de Flandre et de l'Archiduc, lorsque, dans le mois de janvier 1483, ils vinrent re-

---

[1] 1482 v. s. L'année commença le 30 mars.
[2] Comines.

cevoir sa ratification du traité d'Arras et son serment. Cette ambassade était nombreuse et solennelle; elle avait passé par Paris. Les plus grands honneurs lui avaient été rendus, et les Parisiens avaient montré une extrême joie. Il y avait eu *Te Deum*, procession, feux de joie dans toutes les rues, beau et docte discours adressé aux Flamands par le docteur Scourale qui était le plus fameux de l'Université, fête à l'Hôtel-de-Ville, et enfin belle représentation d'une moralité, sotie et farce, chez le cardinal de Bourbon qui avait fait dresser un théâtre dans la cour de son hôtel.

Après avoir été témoins de toute cette pompe et de cette joie, les ambassadeurs arrivèrent au Plessis [1]; leur surprise fut grande de voir ce triste séjour, cette espèce de prison, où l'on ne pénétrait qu'après tant de formalités et de précautions. Enfin, lorsqu'ils eurent un peu attendu, ils furent introduits, sur le soir, dans une chambre mal éclairée. En un coin obscur était le roi assis en un fauteuil. Ils s'avancèrent vers lui;

[1] Amelgard.

alors, d'une voix faible et tremblante, mais qui semblait encore railleuse, il demanda pardon, à l'abbé de Saint-Pierre de Gand et aux autres ambassadeurs, de ce qu'il ne pouvait point se lever et les saluer. Après les avoir entendus, et avoir conversé quelque peu avec eux, il se fit apporter les Évangiles pour prêter serment. Il s'excusa d'être obligé de prendre le saint livre de la main gauche, car sa main droite était paralysée, et son bras soutenu par une écharpe. Alors, tenant le livre des Évangiles, il le souleva péniblement, et, posant dessus le coude du bras droit, il fit le serment. Ainsi parut aux yeux des Flamands ce roi qui leur avait fait tant de mal, et qui obtenait d'eux un si beau traité par la crainte qu'il leur inspirait, tout mourant qu'il était.

Après cette réception, qui leur sembla à la fois digne de risée et de compassion, les ambassadeurs eurent permission de se rendre à Amboise, pour recevoir le serment du Dauphin. Le sire de Beaujeu était resté chargé de la garde et de la conduite du jeune prince. Il écrivit au sire du Bouchage pour qu'on lui envoyât des hommes doctes et d'habiles secrétaires, afin de bien régler ce qui devrait être répondu, et dresser des actes en la forme convenable. Toutes précautions ainsi prises, le Dauphin jura le traité sur le sacré corps de Jésus-Christ et sur le bois de la vraie croix ; puis l'ambassade retourna à Tours. Le roi donna alors sa ratification définitive, et fit remettre aux ambassadeurs trente mille écus d'or et une magnifique vaisselle d'argent.

Dans leur route, ils allèrent encore rendre leurs hommages au Dauphin, et de là ils revinrent à Paris, accompagnés de maître Guillaume Picard, bailli de Rouen, que le roi avait chargé d'une lettre close portant ordre au Parlement d'enregistrer le traité et tous les ordres y relatifs. Déjà, et sans attendre cette lettre, Michel de Pons, procureur général, conjointement avec Guillaume de Ganay et Jean Lemaistre, avocats généraux, avaient, par une protestation, fait toutes réserves nécessaires. Elles portaient particulièrement sur la promesse que le roi avait faite de ne rien prétendre dans la dot de mademoiselle d'Autriche, si elle venait à ne pas épouser le Dauphin ou à mourir sans héritier. C'était porter préjudice aux droits de la couronne, et le Parlement ne reconnaissait pas au roi le pouvoir légitime d'aliéner des seigneuries et domaines qui faisaient ou pouvaient faire partie du royaume. Seulement, vu le grand désir que le roi avait de terminer cette affaire, le procureur général se bornait à déclarer qu'il ferait valoir cette réserve en temps et lieu.

Cette protestation parut de pure forme et ne changea rien aux dispositions des Flamands. Le Parlement les reçut avec grand accueil, enregistra le traité devant eux, et leur donna à choisir entre les deux formules : « Le procureur général présent et ne » s'y opposant pas; » ou bien : « présent et de » son consentement. » Ils préférèrent la seconde. La cour demanda aussi à être dépositaire de la ratification de l'Archiduc, ce qui fut accordé. Puis les ambassadeurs, d'après une délibération préalable de la cour, furent invités à assister aux plaidoiries et à prendre place parmi les membres du Parlement; les abbés et les seigneurs sur le grand banc après les prélats, et les gens des villes après le greffier.

De nouvelles fêtes furent encore données aux ambassadeurs. Ils assistèrent à un magnifique repas chez le bailli de Rouen, dans un bel hôtel qu'il possédait en la rue Quincampoix; puis ils repartirent, laissant Paris et le royaume dans un contentement qui semblait se renouveler chaque jour, en pensant au bonheur de la paix.

Bientôt après, une ambassade alla recevoir les sermens du duc Maximilien, de tous les grands seigneurs de sa domination, des États et des villes de Flandre, Hainaut, Brabant et Zélande. Après son retour, madame de Beaujeu, fille du roi, et son mari le sire de Beaujeu, partirent avec une suite brillante et nombreuse pour aller en Flandre recevoir mademoiselle Marguerite d'Autriche, et la ramener en France, où, aux termes du traité d'Arras, elle devait être nourrie et élevée en attendant le moment de son mariage avec le Dauphin.

Tant qu'avaient duré les négociations, le roi avait pris soin d'entretenir autant que possible les espérances du roi Édouard, et de lui faire croire que, nonobstant tout ce qui se pou-

vait dire, rien ne romprait l'engagement pris
à Pecquigni, et si souvent renouvelé depuis,
de marier le Dauphin avec mademoiselle Élisabeth. Mais, après la conclusion du traité
d'Arras, après que lord Howard, ambassadeur en France, eut presque été témoin des
engagemens pris solennellement par le roi et
le Dauphin, devant les envoyés de Flandre,
il n'y eut plus aucun doute à conserver. Le
roi Édouard n'avait pas, il est vrai, ajouté
une foi entière aux assurances du roi Louis.
Beaucoup de choses depuis plus d'une année
avaient dû lui apprendre quel fond il pouvait faire sur de telles promesses. Les alliances
qu'il venait de conclure avec le duc de Bretagne et le duc Maximilien étaient la preuve
qu'il prévoyait une rupture. Mais il était indécis et vivait dans la plus complète indolence.
D'ailleurs, il avait entrepris une guerre contre
le roi d'Écosse. Le duc d'Albanie, ayant laissé
la France, était venu implorer son secours, et,
grâce aux nombreux partisans qu'avait ce
prince en Écosse, un prompt et entier succès
avait couronné cette expédition. Toutefois elle
avait coûté de l'argent, et pour commencer

une guerre contre la France, il fallait de grands préparatifs.

C'est ainsi que le roi Édouard, entouré de conseillers corrompus, et lui-même se laissant toujours gagner par l'argent du roi Louis, avait manqué l'occasion favorable, et maintenant voyait sa fille outrageusement rejetée au mépris de tant de traités et de promesses. Ce lui fut un extrême chagrin. Ce mariage avait toujours été le premier désir de lui, et surtout de sa femme. Mademoiselle Élisabeth portait déjà le nom de Dauphine de France. Enfin, rien ne manquait à cet affront. Le roi Édouard prit promptement la résolution de s'en venger; il entretint son conseil et les seigneurs d'Angleterre [1] de son ressentiment et de la volonté qu'il avait de porter la guerre en France.

Mais il était trop tard. Son principal allié le duc Maximilien était maintenant sans force et sans pouvoir. C'étaient les Gantois et les États de Flandre qui gouvernaient, et ils étaient devenus les alliés et les amis du roi de France. Quant au duc de Bretagne, on ne pouvait jamais compter

---

[1] Hollinshed. — Rapin Thoyras.

que sur sa haine contre le roi, jamais sur sa fermeté. La colère du roi d'Angleterre était donc peu à craindre, lorsque, pour plus de sécurité, on apprit sa mort. Les uns l'attribuaient au dépit qui le dévorait; d'autres prétendirent qu'il avait été empoisonné par son frère Richard, duc de Glocester, qui était bien capable de ce crime; on dit aussi qu'il était mort après de grands excès de table, et pour avoir trop bu de ce bon vin de Challonne [1] que lui envoyait chaque année le roi de France.

Ainsi il y avait une sorte de fortune attachée au roi, qui faisait mourir tous ses ennemis ou ceux qui arrêtaient ses desseins. Il avait vu ou fait périr le duc de Guyenne son frère, le connétable de Saint-Pol, le comte d'Armagnac, le duc de Nemours, le duc de Calabre, le roi René et toute la maison d'Anjou, don Juan roi d'Aragon; plus qu'eux tous, le duc Charles de Bourgogne, et puis sa fille. Maintenant le roi Édouard, qui avait vécu tant qu'il pouvait lui être profitable, mourait le jour où il devenait nuisible.

[1] En Anjou.

Toutefois il n'avait plus assez de vie pour se réjouir de la mort de personne. Cette dernière nouvelle le trouva indifférent et ne lui causa nul plaisir; il n'en parla point et fit même semblant de l'ignorer[1]. Lorsque, quelques semaines ensuite, le duc de Glocester, s'étant emparé de la couronne au préjudice des deux fils de son frère qu'il fit tuer peu après, écrivit au roi pour l'assurer de son amitié, son ambassadeur ne fut pas reçu; le roi ne voulut point lui répondre, et parla même de lui comme d'un prince mauvais et cruel, qui n'avait nul droit à la couronne. L'Angleterre ainsi troublée ne pouvait donc porter aucun préjudice à la France, pas plus que le duc Maximilien devenu prince de nom plus que de fait.

C'est ainsi qu'au déclin de sa vie, et presque un pied dans la fosse, le roi se trouvait, ou par bonheur, ou par prudence, être venu à bout de presque tous ses desseins, et jamais n'avait eu un si grand pouvoir, soit en son royaume, soit dans la chrétienté.

En Espagne, il continuait à avoir pour

[1] Comines.

alliés Ferdinand et Isabelle. La crainte des embarras que le roi pourrait leur donner en appuyant le Portugal, et en réveillant le parti de Jeanne la Bertrandeja, les maintenait en bonne amitié avec lui. L'affaire de Roussillon ne se terminait point, mais elle se traitait par voie de négociation et non par les armes.

La Navarre demandait en ce moment plus d'attention. François Phœbus, de la maison de Foix et fils de Magdeleine de France, sœur du roi, était, comme on a vu, roi de Navarre[1]. Il avait passé plusieurs années sous la tutelle de sa mère et sous la protection du roi qui ne lui avait pas été inutile, car la Navarre était divisée par des factions pleines de haine. Au moment où elle commençait à se pacifier, ce jeune prince mourut âgé de quinze ans, empoisonné, dit-on, par la flûte dont il jouait. Peu avant sa mort, on lui avait fait faire un testament en faveur de Catherine de Foix, sa sœur.

Il eût été difficile à cette princesse de recueillir la succession sans l'appui qu'elle trouva dans le roi Louis, son oncle. Le vicomte de Narbonne,

[1] Tome IX, p. 396 et 402.

oncle paternel de la princesse Catherine, prétendit que la couronne devait lui appartenir, et prit même le titre de roi de Navarre. Il avait pour secrets partisans en France le duc d'Orléans et le duc de Bretagne, ce que le roi avait bien prévu dans les instructions qu'il venait de donner au Dauphin. Mais c'était un faible secours, tant l'autorité du roi était grande dans le royaume. Alors le vicomte de Narbonne s'adressa au roi Ferdinand d'Aragon, et lui remontra qu'il était dans son intérêt de ne pas laisser le roi de France tout gouverner en Navarre, comme on le voyait depuis douze ans. Don Ferdinand n'écouta point les insinuations du vicomte de Narbonne, non plus que les instances de quelques seigneurs de Navarre, qui le portaient à s'emparer de ce pays. Il ne voulait point se mettre en guerre ni en discorde avec le roi de France, et montra seulement le désir de marier don Juan, son fils, avec madame Catherine, reine de Navarre. C'est ce qui ne convenait nullement à madame Magdeleine de France, qui était régente pour sa fille, comme elle l'avait été pour son fils. Elle voyait bien que ce serait la ruine de son propre pouvoir; et son frère le roi Louis, qui gouvernait la Navarre par elle, fut aussi de cet avis. Le mariage avec l'infant d'Aragon ne fut donc pas conclu. Quelques années après, madame Catherine, en épousant Jean d'Albret, porta dans cette maison le royaume de Navarre.

La Savoie continuait à être conduite par les volontés du roi; il avait contraint Philippe, comte de Bresse, à ne plus prendre aucune part au gouvernement des États de son jeune neveu le duc Charles, et même à se réfugier en Allemagne.

Les affaires d'Italie étaient plus que jamais troublées. Le roi avait le dessein bien arrêté de ne s'y point entremettre, mais chacun y demandait son appui et semblait se soumettre à son arbitrage.

Personne n'avait un besoin plus grand de sa protection que sa belle-sœur madame Bonne de Savoie, duchesse de Milan, qui, après le meurtre de son mari Galéas, était demeurée chargée de la tutelle de son fils Jean Galéas Sforce, duc de Milan. Louis Sforce, dit le More, son beau-frère, s'était emparé du gouvernement et la faisait même retenir prisonnière. Elle s'en plaignit vivement au roi. Louis le More avait aussi envoyé des ambassadeurs pour s'excuser et protester de tout son désir de complaire au roi. Il ne put admettre en sa présence ni les uns ni les autres, mais il fit témoigner son mécontentement à Louis Sforce, et demanda que le jeune frère du duc Jean Galéas lui fût envoyé, afin de servir de gage à la sûreté de ce jeune prince ; car, si un héritier légitime du duché de Milan se trouvait entre ses mains, il pensait que Louis le More aurait plus d'intérêt à conserver qu'à perdre l'aîné de ses neveux, au nom duquel il gouvernait. Le roi exigea aussi que les alliances de Milan avec le roi de Naples fussent rompues. Toutes ses demandes furent reçues avec soumission. Louis le More ne voulait pas l'offenser ; il lui coûtait peu de tout promettre à un mourant.

Le pape implorait aussi son secours. Le roi de Naples s'était réconcilié avec les Florentins, moyennant une pension. Après avoir chassé les Turcs d'Otrante, il avait fait la paix avec eux et retenu à sa solde une troupe de ces infidèles, qui dévastaient le pays jusqu'aux portes de Rome. Son alliance avec Milan achevait de mettre toute l'Italie sous sa puissance. Le pape, pour déterminer le roi à intervenir en sa faveur, lui faisait savoir qu'occupé avec tendresse de sa santé, il priait Dieu sans cesse pour son rétablissement, qu'il avait même accordé une indulgence plénière à tous ceux qui s'en iraient prier pour lui dans l'église de Notre-Dame del Popolo. Il l'engageait à ne plus faire maigre, et lui envoyait une dispense. Son amitié pour le Dauphin n'était pas moindre, disait-il; il priait Dieu aussi pour la conservation de ce jeune prince, qui annonçait déjà tant de vertus. Pour preuve particulière de son estime, il avait voulu lui envoyer une rose bénie, mais ensuite il avait pensé qu'il valait mieux bénir une épée et lui en faire présent, afin qu'il tînt du vicaire de Jésus-Christ la première épée qu'il ceindrait. Le pape voulait encore donner au Dauphin le titre de gonfalonier de l'église, que le roi avait aussi porté dans sa jeunesse.

Mais ce qui était plus grave, le saint père exhortait le roi à faire valoir les droits à la couronne de Naples que lui avait laissés la maison d'Anjou, dont il était héritier. Il lui promettait l'investiture de ce royaume, lui offrait l'aide de ses partisans, et faisait valoir les facilités qu'on trouverait, selon lui, à une si belle conquête. Enfin, il n'y avait sorte d'appâts et de flatteries que le pape n'essayât sur le roi. Peu après il voulut encore employer le crédit de la France sur les Vénitiens. Il avait fait paix et alliance avec eux, et grâce à Robert Malatesta, capitaine de leur armée, l'État romain était délivré des incursions du roi de Naples. Mais ces alliés semblaient déjà trop puissans et dangereux au saint siége; ils ne se laissaient pas conduire à la volonté du pape, et en ce moment assiégeaient Ferrare malgré lui.

Ce n'était pas dans l'état où se trouvait le roi Louis qu'il pouvait penser à se mêler d'affaires si embrouillées et si lointaines. La bonne volonté du pape lui était précieuse en ce moment, mais c'était pour sa guérison ou pour son salut, et non pour les intérêts de son royaume. Il envoya cependant des ambassades à Milan, à Naples et à Venise, afin d'y porter en son nom des paroles conformes au désir du saint père

En exécution du traité d'Arras, il fallut que le duc Maximilien se résignât à remettre sa fille aux mains du roi. Bien qu'il eût ratifié et juré les conditions de la paix, elle lui était odieuse et semblait pleine de honte pour lui. Mais les Gantois étaient maîtres de ses enfans. En outre plusieurs seigneurs, qui espéraient avoir part au gouvernement au nom du jeune duc Philippe, et particulièrement M. de Ravenstein, que les États avaient préposé à sa garde, étaient passés dans le parti des gens de villes et se félicitaient du traité. Pour que la princesse Marguerite ne fût pas enlevée en route par son père, les Gantois lui donnèrent une grande escorte, et, sous la garde de madame de Ravenstein, elle fut conduite à Hesdin, où se trouvait M. d'Esquerdes, principal auteur de tout ce qui s'était fait dans cette paix. Là, mademoiselle Marguerite fut remise en grande cérémonie à madame de Beaujeu et à l'ambassade qui était venue avec elle.

Le duc Maximilien recueillit cependant quelque fruit du traité d'Arras. Du moment que Guillaume d'Aremberg ne fut plus soutenu par le roi, et que la plupart des Français l'eurent quitté, il ne se trouva plus assez fort pour résister. Il perdit, dans une journée sanglante, une partie de ses gens, entr'autres un chevalier du pays de Clèves, nommé le sire de Wachtendorch, qui lui avait amené de grands renforts, et donnait courage à tout son monde; Pierre Rousslaer, maire de Liége, fut pris en combattant aussi vaillamment. Le Sanglier des Ardennes fut alors contraint à s'enfermer dans la ville, où il commit encore d'horribles cruautés.

On craignit que le siége ne fût périlleux et difficile, et l'on ne profita point du premier moment de la victoire; de sorte qu'il fallut finir par traiter et par acheter la paix, en faisant de grands avantages à Guillaume d'Aremberg. Par des conditions signées le 22 mai 1483, les Liégeois se reconnurent débiteurs d'une forte somme envers lui, pour avoir été secourus et défendus par lui, et la seigneurie de Bouillon lui fut donnée en gage. A ce prix, il se désista de l'élection de son fils à l'évêché. Ainsi, un si horrible criminel se trouva plutôt récompensé que puni. Toutefois, deux ans après, il fut pris à la suite de quelques nouveaux brigandages, et tomba entre les mains du duc Maximilien, qui lui fit trancher la tête.

Les gens d'Utrecht ne comptant plus sur le roi de France, ni sur les secours que leur promettait Guillaume d'Aremberg, furent ainsi contraints à se soumettre. Le duc Maximilien obtint ainsi obéissance, au moins, d'une partie de ses sujets.

Lorsque madame de Beaujeu eut reçu la jeune princesse, le sire de Ravenstein voulut qu'en exécution du traité elle prît possession de son comté d'Artois. En conséquence, elle fut d'abord conduite à Béthune, et y fit son entrée. Pour faire acte de souveraineté, elle délivra et accorda rémission à deux prisonniers qui s'y trouvaient enfermés. C'étaient deux frères qui, après avoir commis plusieurs meurtres dans le pays d'Armagnac, avaient pris la fuite. On les avait saisis en Artois, pour les renvoyer devant leurs juges. Le sénéchal d'Armagnac protesta contre cette rémission dès qu'il en eut connaissance, et elle ne devint définitive qu'après l'avénement du Dauphin à la couronne.

Mademoiselle d'Autriche reprit ensuite sa

route vers Paris. Elle y fit son entrée le 2 de juin. Les Parisiens, comme tout le reste du royaume, étaient transportés de joie, et depuis long-temps n'avaient espéré tant de bonheur et de soulagement pour le pauvre peuple. On avait préparé une réception magnifique pour la Dauphine. A la porte Saint-Denis, on avait représenté sur de grands échafauds le roi de France dans ses plus beaux vêtemens, assis sur le trône, et près de lui son fils le Dauphin, et mademoiselle Marguerite d'Autriche, sans oublier M. et madame de Beaujeu, dont les personnages étaient désignés par l'écusson de leurs armes. Tout auprès, sur un autre échafaud, étaient quatre autres personnages représentant le labourage, le clergé, le commerce et la noblesse, qui chacun chantèrent un compliment à la Dauphine en se félicitant de la paix dont sa venue était le gage. Il y eut encore beaucoup d'autres échafauds. Toutes les rues étaient tendues; la Dauphine fit délivrer beaucoup de prisonniers; en réjouissance de son entrée, de nouveaux corps de métiers furent institués et reçurent leurs priviléges.

De Paris, la Dauphine fut conduite à Amboise. Presqu'en même temps, y arriva une ambassade de Flandre. L'abbé de Saint-Bertin fit une belle harangue au Dauphin, compara ce mariage à celui d'Esther et d'Assuérus, et il assura que toutes les Marguerite avaient porté bonheur à leur mari et à la Flandre. Marguerite de France, fille du roi Philippe le Long, avait apporté en dot à Louis, comte de Flandre, l'Artois et la comté de Bourgogne. Marguerite de Bavière avait eu en mariage le Brabant et le Limbourg, et c'était d'elle que les avait tenus Louis, second comte de Flandre. Enfin, Marguerite de Flandre avait épousé Philippe le Hardi, et avait commencé la puissante et glorieuse maison de Bourgogne.

Le 23 juin se fit la cérémonie des fiançailles du Dauphin et de mademoiselle Marguerite d'Autriche. Le roi avait voulu qu'une si grande solennité fût dignement célébrée. Toutes les bonnes villes du royaume avaient eu ordre d'y envoyer des députés. La noblesse s'y trouvait aussi en foule ; les tables furent tenues, au nom du roi, par le comte de Dunois, le sire d'Albret, le sire de Saint-Pierre, sénéchal de Normandie, et le sire Guy Pot, gouverneur de Touraine.

Ainsi fut consommée la ruine entière de cette fameuse maison de Bourgogne, qui avait tenu une si grande place dans le royaume et dans la chrétienté. Pendant cent années elle n'avait fait que croître en puissance, en richesse, en domaines. En dix ans, l'orgueil insensé du duc Charles l'avait mise en débris. Dès ce moment le roi aurait pu attribuer à son fils par un mariage tout ce vaste héritage. Sa présomption, la haine et la méfiance qu'il inspirait, sa prudente timidité avaient rendu difficile ce qui semblait sans obstacles. Il lui avait fallu six années de guerre et de calamités pour regagner en partie ce qu'il avait perdu par sa faute. Mais la fortune l'avait servi ; il parvenait enfin au comble de ses vœux, et la puissance de Bourgogne qui avait troublé sa vie entière, croulait par ses coups et devant lui, comme il allait mourir.

Il était si affaibli, qu'il ne put songer à se faire transporter au milieu des fêtes qui célébraient son triomphe ; il n'avait pas même voulu admettre en sa présence la nouvelle ambassade de Flandre. C'étaient le sire de Beaujeu et madame Anne sa femme, qui commençaient à régler toutes choses ; déjà même on se risquait à s'adresser à eux pour ce qui touchait le gouvernement du royaume. Telle était la volonté du roi ; lui-même en avait ainsi disposé. Il croyait ne pouvoir mettre en meilleures mains la garde de son fils et la conduite des affaires. Il savait sa fille sage et vertueuse. Seul, de tous les princes, le sire de Beaujeu avait eu sa confiance ; depuis vingt ans, il l'avait toujours trouvé d'un naturel doux et paisible, sans nulle ambition, et d'une irréprochable fidélité [1]. Et cependant il était tourmenté par la pensée de lui avoir confié un pouvoir que déjà à demi mort il ne pouvait plus exercer par lui-même. S'il avait eu le moindre retour de santé, certes le sire de Beaujeu aurait payé de quelque disgrâce la faveur dont par nécessité il avait bien fallu l'honorer. Un jour qu'il présidait un conseil dans le château même du Plessis, le roi qui l'avait ainsi ordonné, et qui était trop malade pour y venir, ne put

---

[1] Comines. — Seyssel.

néanmoins supporter l'idée qu'un autre faisait acte de gouvernement : il envoya sur-le-champ rompre le conseil.

Ce n'était pas seulement jalousie de son pouvoir ; les plus cruels et les plus indignes soupçons venaient aussi s'emparer de son esprit. Lorsqu'après le mariage du Dauphin, le sire de Beaujeu et le comte de Dunois vinrent au Plessis annoncer que tout était terminé, et que l'ambassade de Flandre avait pris congé, le roi, qui les vit entrer dans le château avec une suite assez nombreuse, se troubla aussitôt de tout ce mouvement dans un séjour d'ordinaire si tristement tranquille ; faisant appeler un capitaine des gardes, il lui ordonna d'aller, sans trop en faire semblant, tâter si les serviteurs des princes n'avaient pas des armes cachées sous leurs robes.

S'il lui venait de telles pensées sur son gendre, le seul de sa famille qu'il aimât un peu, on doit croire que personne n'était à l'abri de ses inquiétudes. La méfiance semblait être le dernier sentiment qui vécût en lui, et jusqu'à son dernier jour il en donna des preuves. Ce fut ainsi que malgré toutes les preuves de loyauté et de sagesse que lui avait données messire Palamède de Forbin, il crut à des plaintes qu'on lui en fit, et lui ôta le gouvernement de Provence. C'était risquer de perdre ce pays et de le livrer au parti du duc de Lorraine. Toutefois le sire de Baudricourt qui y fut envoyé rendit un si bon compte du gouvernement de messire Palamède, et lui-même se justifia si bien en venant trouver le roi, que son office lui fut rendu et son pouvoir plutôt augmenté que diminué.

Un autre serviteur, dont les services étaient grands aussi, ne réussit pas si bien à apaiser la méfiance, et sa disgrâce fut presque le dernier acte de la volonté du roi. Pierre Doriole, chancelier de France, ancien maire de la Rochelle, avait été attaché au duc de Guyenne pendant la guerre du bien public. C'était le comte de Dammartin, qui l'ayant fait connaître au roi, avait été la source de sa fortune. Aussi le roi, tout en reconnaissant son mérite et l'employant aux plus grandes affaires, avait toujours été pour lui un assez rude maître. La moindre résistance de maître Doriole prenait, aux yeux du roi, un aspect de trahison.

Leurs querelles ordinaires s'élevaient à l'occasion de toutes ces procédures par commission, les seules que voulût le roi, et qui trouvaient toujours répugnance de la part du chancelier, grand ami de la justice ordinaire et de la loi commune.

Enfin, vers les derniers mois de l'année précédente, il y eut un dissentiment assez grand entre le roi et quelques-uns de ses conseillers au sujet des affaires de Bretagne. Le duc continuait à élever beaucoup de plaintes, et en même temps il donnait lieu à de continuels griefs. Son chancelier Chauvin, qui avait été mis en prison à la suggestion de Landais, avait réclamé la juridiction du Parlement de Paris, et le roi avait pris cet appel sous sa protection. Le duc de Bretagne ne répondit rien de satisfaisant, et peu après Chauvin mourut en prison à force de mauvais traitemens.

Malgré tout ce qui pouvait être dit d'une telle conduite, on ne fut point, dans le conseil du roi, généralement d'avis de pousser le duc de Bretagne aux dernières extrémités; et il fut conseillé au roi de procéder par voie d'accommodement sur la difficulté principale : c'était une violation réciproque de limites, dont des deux parts on se plaignait depuis long-temps, et où les Bretons pouvaient bien ne pas avoir tort. Maître Adam Fumée, ancien médecin du roi Charles VII et qui l'avait long-temps été du roi Louis, soutint surtout cet avis dans le conseil où il était appelé d'habitude, car il avait été fait maître des requêtes. Le roi vit dans cette opinion un fait de trahison, et témoigna tout son courroux contre maître Adam Fumée.

« Chancelier, écrivait-il, je suis ébahi comment vous avez baillé provisions au frère de maître Adam Fumée, pour la greneterie que je lui ai ôtée, et aussi que vous souffriez que ledit maître Adam aille à la chancellerie et au conseil, vu qu'il est déclaré avoir fait savoir nouvelles aux Bretons; même son oncle s'est enfui. Vous pouvez lui déclarer qu'il n'y vienne plus; autrement je m'en prendrai à vous. Écrit à Meung sur Loire, le 1 aoust 1482. »

De ce moment le roi ne cessa point de reprocher au chancelier sa partialité pour maître Fumée et sa conduite dans l'affaire de Bretagne.

Le chancelier ayant tardé d'expédier le renvoi, par-devant des commissaires, d'un procès entre le procureur général et les moines de Lorois, le roi écrivait : « Je vous prie, beau sire, que vous ne soyez pas si rigoureux en mes besognes; car je ne l'ai pas été aux vôtres. Je ne sais si c'est maître Adam qui vous le fait faire, parce qu'il n'y a pas d'argent à gagner, mais faites que je ne vous en récrive plus. »

Et le même jour : « Chancelier, vous avez refusé de sceller les lettres de mon maître d'hôtel Boutillat; je sais bien à la persuasion de qui vous le faites; qu'il vous souvienne de la journée que vous aviez prise avec les Bretons, et dépêchez incontinent sur votre vie. Écrit au Plessis-du-Parc, 24 décembre 1482. »

Après avoir ainsi pris en déplaisance le chancelier Doriole, il se résolut à lui ôter son office, mais sa disgrâce ne fut point rude; elle parut avoir pour motif sa grande vieillesse. Il reçut une pension de quatre mille francs, et fut, sous l'autre règne, créé premier président de la chambre des comptes. Messire Guillaume de Rochefort, qui avait été un des principaux conseillers du duc Charles de Bourgogne et de la duchesse Marie, fut choisi pour être chancelier de France à sa place. De sorte que le roi laissait les affaires de la guerre et de la justice entre les mains de deux Bourguignons; mais il lui était arrivé souvent de se méfier plus de ses anciens serviteurs que de ceux qui venaient de lui rendre quelque bon service en trahissant leur ancien maître.

Tandis qu'il devenait ainsi chaque jour plus soupçonneux, plus absolu, plus terrible, à ses enfans, aux princes de son sang, à ses anciens serviteurs, à ses plus sages conseillers, il y avait un homme qui, sans craindre sa colère, le traitait avec une rudesse brutale, ne le ménageait en rien, et lui rendait, pour ainsi dire, les dures paroles qu'il adressait aux autres. C'était Jacques Coittier son médecin. Voyant toute la faiblesse de son maître et sa crainte de mourir, il s'était emparé de sa confiance, et lui avait donné grande idée de son savoir. Comme nul n'était plus avide, il trouvait que pour tirer parti de son crédit, rien ne lui était plus profitable qu'un langage de grossièreté et de menace. Il eût parlé à un valet plus doucement qu'au roi, qui n'osait souffler et se plaignait bien bas avec quelques serviteurs de la dureté de maître Coittier. « Je sais bien » qu'un matin vous m'enverrez où vous en » avez envoyé tant d'autres, disait parfois le » médecin, mais, par la Mort-Dieu! vous ne » vivrez pas huit jours après. » Alors le roi tremblant le flattait, l'accablait de caresses et surtout de présens. Lui, qui avait durant sa vie entière tenu en timide obéissance tant de gens de bien, tant de grands seigneurs et de princes, il lui fallait s'humilier devant un malotru, petit bourgeois de la ville de Poligni en Franche-Comté.

Aussi est-il difficile d'imaginer l'argent que maître Coittier tira du roi pendant environ une année qu'il le tint en dur esclavage. Ses gages avaient fini par être de dix mille écus par mois, et il avait eu successivement en don les seigneuries de Rouvrai et de Saint-Jean-de-Losne avec le grenier à sel du même lieu, les seigneuries de Brussai près Auxonne, de Saint-Germain-en-Laye et de Triel, les revenus du greffe du bailliage d'Aval dans la Comté; il fit ôter à M. du Lude les produits des jardins et de la basse-cour du Plessis-lèz-Tours et se les fit donner, ainsi que l'office de concierge et bailli de ce château avec ce que rapportaient les droits de geôle, les bancs et étaux du marché. Toute sa famille eut part au pillage où il avait mis le roi. Son neveu fut fait évêque d'Amiens. Ce qui fut peut-être plus singulier encore, il se fit nommer vice-président, puis premier président de la chambre des comptes [1]. C'était assurément un des importans offices du royaume, et il se trouva ainsi à la tête d'une compagnie, qui avait d'abord tenté quelque résistance à enregistrer les dons prodigieux dont il se faisait combler.

Une telle faiblesse faisait bien voir quelle terreur de la mort possédait le roi. Nul homme n'en eut jamais une pareille. C'était une pensée à laquelle il ne se pouvait accoutumer, une parole qu'il ne savait point entendre. Il cherchait partout quelque moyen de ne pas mourir, et ne pouvait croire que ce fût chose impossible que de racheter sa vie. Ce n'était pas seulement aux secours humains de la médecine qu'il s'adressait : accoutumé de tout

---
[1] Pièces de Comines.

temps à demander l'aide de Dieu pour toutes les choses temporelles, à implorer la protection de Notre-Dame et des saints pour obtenir ce qu'il souhaitait, il n'avait garde de les négliger, quand il s'agissait de ne point mourir.

Comme ce n'avait jamais été en se corrigeant de ses vices, ni en réformant ses mœurs ou ses passions [1] qu'il avait tâché de gagner la faveur du ciel, mais à force de dons et d'argent, par de flatteuses paroles et d'humbles cérémonies, il ne chercha point d'autres moyens; et les superstitions de ses derniers jours furent si bizarres et si nombreuses, qu'on ne les peut raconter toutes, non plus qu'on ne saurait faire la liste de toutes ses munificences envers les églises. On aurait pu croire, si sa maladie eût plus long-temps duré, que tous les biens du royaume et de ses sujets auraient passé en fondations ou en offrandes.

Outre les immenses richesses qu'il venait de donner à l'abbaye de Saint-Claude, et ses profusions pour Notre-Dame de Cléri, Notre-

[1] Seyssel.

Dame-de-la-Victoire, Notre-Dame du Puy en Velai, et Notre-Dame du Puy en Anjou; il donna en moins d'un an quatre mille livres de rente à l'abbaye de Cadouin en Périgord, où se gardait, dit-on, le saint suaire; il fonda des chapitres à Saint-Gilles en Cotentin, à Sainte-Marthe de Tarascon, à La Poyse en Anjou; il fit de riches fondations à Notre-Dame de Bourges, et accorda quatre mille francs de rente aux religieux de Saint-Antoine de Vienne en Dauphiné pour bâtir une chapelle à Notre-Dame. Sous ses yeux, au Plessis, il fit bâtir une église sous l'invocation de Saint-Jean; et la dota richement; l'abbaye de Saint-Denis, celle de Saint-Germain-des-Prés reçurent des revenus considérables.

Ce fut dans ce temps qu'il se ressouvint d'un vœu qu'il avait fait depuis bien long-temps, et qu'il se reprocha grandement d'avoir négligé. En 1442, lorsqu'il faisait la guerre en Guyenne avec le roi Charles son père, il était, le jour du Vendredi Saint, monté avec son oncle Charles d'Anjou et le sire de Valori dans une petite barque pour traverser l'Adour. La barque avait été entraînée par le courant, et heurtant contre un moulin, elle fut submergée. En cette extrémité, et comme il était déjà au fond de l'eau, le roi Louis, alors Dauphin, avait, il s'en souvenait très-bien, fait un vœu à Notre Dame de Behuart; et aussitôt que cette pensée lui était venue, le courant l'avait poussé sur la grève, où beaucoup de gens étaient accourus pour le sauver.

Afin de récompenser un si grand bienfait trop long-temps oublié, le roi, par lettres patentes du 30 avril 1483, fonda un chapitre à Notre-Dame de Behuart, qui était une petite paroisse dans une île de la Loire au-dessous d'Angers, et donna un beau privilége aux chanoines. Tous les ans, au Vendredi Saint, ils pouvaient, de leur plein et entier pouvoir, délivrer des lettres de rémission et de grâce à tout habitant du duché d'Anjou, quelque crime qu'il eût commis.

Et pourtant le roi, qui donnait ce droit tout royal à des chanoines, n'en usait point lui-même. Si grandes que fussent ses craintes de la mort et son désir de fléchir la miséricorde divine, il ne se relâcha d'aucune rigueur. Les prisons restèrent remplies de ceux qu'il y faisait détenir. De grands et nobles personnages continuaient à être resserrés dans leurs cages de fer : le sire de la Gruthuse, pris à Guinegate; le sire de Thoisi, pris à Dôle; le seigneur Rocca-Berti, ancien gouverneur de Roussillon; Charles d'Armagnac, à qui le gouverneur de la Bastille faisait endurer mille maux et comme une sorte de torture continuelle [1]; le comte du Perche; tant d'autres moins connus, qui, depuis beaucoup d'années, gémissaient dans ces cages, ou enchaînés à des carcans qu'on nommait les fillettes du roi, et qu'il avait fait forger avec soin par des ouvriers appelés d'Allemagne. Aucun ne fut relâché. Tous attendaient impatiemment la mort du roi, comme aussi tous ces bourgeois et échevins des villes d'Artois ou de Picardie retenus en exil dans divers lieux du royaume, loin de leur demeure et de leur famille. Dans tout ce désespoir qu'avait le roi de voir approcher sa fin, il ne témoigna pas un remords de tant de cruautés qu'il avait commises; il lui semblait que toutes avaient été nécessaires.

[1] Requête aux États de 1483.

Seulement il lui vint quelque scrupule de la mort du duc de Nemours, et il parut se repentir d'avoir fait périr cet ancien ami de sa jeunesse.

Ce n'était pas en effet le salut de l'âme qu'il demandait à tous ces saints; ce qu'il cherchait par leur intercession, c'était la vie et la santé. Il lui paraissait que pour la rémission de ses péchés, il l'obtiendrait toujours bien; et un jour qu'on récitait, pour lui et en sa présence, une oraison à saint Eutrope, quand il entendit qu'elle demandait la santé de l'âme et la santé du corps : « C'est » assez de celle-là, dit-il, il ne faut point im- » portuner le saint de tant de choses à la » fois [1]. »

Outre toutes les fondations qu'il faisait, il se recommandait aux prières de toutes les églises qui étaient connues dans le royaume et dans la chrétienté par quelque dévotion des peuples. Il fit fondre une belle cloche pour Saint-Jacques de Compostelle; il fit venir des chanoines de Cologne et leur fit de

[1] Seyssel.

riches présens pour l'église des Trois-Rois. A Paris, il ordonna une procession solennelle pour demander à Dieu de faire cesser le vent de bise, qui était préjudiciable aux malades.

Il avait toujours eu une grande foi aux images bénies, et souvent en avait porté sur lui cousues à son chapeau. Maintenant il en avait en plus grand nombre que jamais, et, selon sa fantaisie du moment, il avait dévotion tantôt à l'une tantôt à l'autre. Il les baisait de temps en temps, ou bien se jetait à genoux et récitait soudainement une oraison adressée à quelqu'une de ces images; si bien qu'en ces momens on l'eût pris pour un homme hors de sens. Presque toutes étaient de plomb ou d'étain, comme on les vendait au peuple. Les marchands colporteurs venaient lui en apporter, et une fois il donna cent soixante livres à un petit mercier, qui, dans sa balle, en avait une bénie à Aix-la-Chapelle.

Sa passion pour les reliques était encore plus grande. Il en faisait chercher partout et les payait fort cher. Le pape, qui, en ce moment, le flattait en toutes choses, lui en envoya une si grande quantité qu'il y eut une sorte de sédition parmi le peuple à Rome, et qu'on remontra au saint père le tort qu'il faisait à la ville, en la dépouillant de trésors révérés depuis tant d'années, et qui attiraient la bénédiction de Dieu. Le pape apaisa le peuple de son mieux en disant qu'il ne pouvait moins faire pour un prince dont le saint siége avait reçu tant de bons offices. Il lui envoya même le corporal sur lequel on prétendait que saint Pierre avait chanté la messe.

Comme ce désir d'avoir des reliques était connu en tous lieux, il arriva qu'Abou-Jézid, que les chrétiens nomment Bajazet II, sultan des Turcs, lui envoya une ambassade chargée d'une multitude de reliques prises, disait-il, à Constantinople. Cette ambassade venait demander au roi de tenir sous bonne garde Zem ou Zizim, son frère, qui se trouvait depuis quelque temps réfugié dans le royaume. Tous deux étaient fils de ce fameux Mahomet II qui avait pris Constantinople, menacé toute la chrétienté durant tant d'années, et qui, avant de mourir, avait échoué devant Rhodes, défendue avec une merveilleuse vaillance par les chevaliers et leur grand-maître Pierre d'Aubusson. Après sa mort, Bajazet et Zizim s'étaient disputé l'empire, et le dernier, depuis sa défaite, avait demandé asile aux chevaliers de Rhodes. Le grand-maître l'avait, quelque temps après, envoyé en France dans la commanderie de Bourganeuf, près de Guéret.

Le roi n'avait point voulu se mêler de toute cette affaire, ni même voir Zizim. Il lui avait seulement offert ses bons offices, à condition qu'il embrasserait la foi chrétienne. Malgré l'offre des reliques et d'une forte somme d'argent, il ne voulut non plus rien entendre des propositions de Bajazet, et ses ambassadeurs reçurent à Riez, en Provence, le commandement de ne point continuer leur route.

Pendant que le roi était ainsi occupé à s'environner de saintes images et de reliques, on lui raconta, et ce fut sans doute dans son voyage à Saint-Claude, qu'un saint homme, nommé Jean de Gand, avait jadis quitté l'ermitage où il vivait près de cette ville, pour aller porter des consolations au roi Charles VII dans le temps de sa détresse, et lui avait annoncé de la part de Dieu qu'il aurait un fils héritier de la couronne ; que de là il s'était présenté à Henri, roi d'Angleterre, l'avait exhorté à la paix, et, sur son refus, lui avait prédit sa mort et la ruine des Anglais. Depuis, ce pieux personnage n'avait plus reparu à Saint-Claude. Quand le roi sut cette histoire, il fit rechercher en quel lieu cet ermite avait fini ses jours et reçu la sépulture. On découvrit qu'il était mort en 1439, aux Jacobins de Troyes, et qu'il y avait été enseveli. Aussitôt le roi y envoya des commissaires pour procéder à l'exhumation du corps, qui se fit en grande solennité. Les ossemens furent enfermés dans un coffre, et déposés dans l'église, hormis ce qui fut rapporté au roi. Ensuite il écrivit au pape une lettre fort pressante pour le prier de canoniser frère Jean de Gand.

Une autre dévotion du roi, et il semblait la croire encore plus efficace, c'était de rassembler autour de lui de saints personnages, dont la pieuse renommée était répandue au loin et dont les prières passaient pour puissantes auprès de Dieu. Il leur faisait bâtir des ermitages ou des demeures dans son parc du Plessis. Un nommé frère Jacques Rosa fut appelé de Lombardie, et arriva en Touraine avec sept ou huit de ses compagnons.

Il y avait alors un solitaire dont la sainteté était célèbre dans tout le monde chrétien. Il se nommait Robert Retortillo, et il était né dans la ville de Paule en Calabre. Dès l'âge de douze ans, poussé par une pieuse vocation, il s'était retiré dans le creux d'un rocher, et avait commencé à pratiquer les plus grandes austérités, couchant sur la dure et vivant des herbes qui croissaient autour de son ermitage. Quelques années après, il consentit à laisser établir près de lui d'autres ermites et une chapelle ; enfin il avait fondé un nouvel ordre religieux sous l'humble nom de Minimes, ou les ermites de Saint-François, les soumettant à une règle aussi sévère que celle qu'il s'était imposée dès son enfance. Partout on ne parlait que de la piété du saint homme de Calabre. Ce fut lui que le roi imagina de faire venir de si loin pour obtenir par ses mérites que Dieu lui accordât guérison.

Ce n'était point chose facile que de tirer de sa solitude et du soin de son ordre ce pieux vieillard, qui avait pour lors près de soixante-dix ans. Les honneurs ne pouvaient guère le toucher, et il n'avait rien à demander aux rois de la terre. Il était homme simple, ne sachant ni lire ni écrire, ne connaissant d'occupation que la prière, et n'étant jamais sorti de sa retraite que pour aller visiter l'archevêque de son diocèse à Cosenza. Le roi chargea le prince de Tarente qui retournait auprès du roi de Naples, son père, de faire tout ce qui serait en son pouvoir pour décider l'ermite à le venir trouver. Le sire de La Heuse, maître d'hôtel du roi, se rendit en même temps en Italie, et l'on commença à bâtir un couvent pour lui au Plessis.

Robert craignait de quitter sa solitude et sa vie régulière pour faire un si grand voyage et paraître dans les pompes du monde qui lui étaient si inconnues. Il ne fallut pas moins que les ordres de son souverain le roi de Naples, et deux brefs du pape, pour le décider. Partout on lui rendit de grands hommages. A Naples, toute la famille royale l'accueillit avec respect; mais à Rome il fut mieux reçu encore. Le pape se montra empressé de voir un homme d'une piété si rare, et lui accorda trois audiences successives, le faisant asseoir devant lui, comme il n'eût fait pour personne dans la chrétienté, et le gardant des heures entières seul avec lui. Tous les cardinaux allèrent lui rendre visite. Parmi tant d'honneurs, le solitaire ne semblait ni troublé, ni ébahi. Il répondait à tout, simplement et avec un grand sens.

Arrivé en France, le roi le reçut comme si c'eût été le pape, se jetant à genoux devant lui pour le conjurer de prolonger sa vie. Ses réponses parurent bien sages, et telles qu'on pouvait les attendre d'un si digne personnage. Sa renommée, son extérieur vénérable et jusqu'à son langage italien, le faisaient paraître comme un être miraculeux. Il y avait des hommes, et même des plus raisonnables, à qui il semblait que le Saint-Esprit [1] parlait par sa bouche, et qu'il était inspiré de Dieu. On ne l'appelait que le Saint Homme : c'était son nom, même sur les états de dépense du roi. Pourtant, comme en France et près du roi, il se trouvait des gens assez portés à se railler

[1] Comines.

de tout, ils se moquaient du Saint Homme et de son voyage, dont ils pensaient que le roi ne tirerait pas grand profit.

Le roi en pensait autrement, et comptait beaucoup sur la puissance de ses prières pour l'empêcher de mourir; cependant il déclinait chaque jour. Entre autres remèdes contre la mort, il lui était venu à la pensée de se faire faire une seconde fois les onctions du sacre. Le pape le lui avait permis par un bref. L'évêque de Séez et d'autres commissaires se rendirent donc à Rheims pour demander la Sainte-Ampoule. L'abbé de Saint-Remi et ses douze religieux se chargèrent de la porter eux-mêmes. Lorsqu'ils arrivèrent près de Paris, le 31 juillet, le clergé, le Parlement, le corps de ville, tout ce qu'il y avait de prélats, de seigneurs, allèrent jusqu'à la porte Saint-Antoine au-devant de la Sainte-Ampoule; cette pompeuse procession la conduisit jusqu'à la Sainte-Chapelle, où elle fut déposée durant la nuit. Le lendemain, la même procession vint reprendre la Sainte-Ampoule et conduire jusqu'à Notre-Dame-des-Champs l'abbé de Saint-Remi et ses religieux. On leur donna, pour apporter aussi au Plessis, deux célèbres reliques de la Sainte-Chapelle, la verge de Moïse et la croix de victoire de Charlemagne.

Il y avait bien peu de jours que la Sainte-Ampoule avait été remise au roi, et elle était encore dans sa chambre sur le buffet, lorsque le 25 août, jour de la Saint-Louis, il fut pris d'une nouvelle attaque d'apoplexie, et perdit tout-à-fait la parole et la connaissance. Cependant on le fit revenir; mais il se sentait si faible qu'il ne pouvait soulever sa main jusqu'à sa bouche. Il se jugea mort. Dès qu'il put parler il envoya querir M. de Beaujeu : « Allez à Amboise, lui dit-il, trouver le » roi mon fils; je l'ai confié, ainsi que le » gouvernement du royaume, à votre charge » et aux soins de ma fille. Vous savez tout ce » que je lui ai recommandé, veillez à ce que ce » soit fidèlement observé. Qu'il accorde faveur » et confiance à ceux qui m'ont bien servi et » que je lui ai nommés. Vous savez aussi de qui » il doit se garder, et qui il ne faut pas laisser » approcher de lui. » Ensuite le roi parla des affaires du moment et du gouvernement du royaume, avec une parfaite raison, donnant les plus prudens conseils, mêlés toutefois de quelques commandemens assez extraordinaires, et qui semblaient peu sages[1].

Puis, dès que le chancelier fut arrivé de Paris en toute hâte[2], il lui ordonna d'aller porter les sceaux au roi, et de se rendre à Amboise avec tous les gens de la chancellerie et du conseil; il donna le même ordre à ses capitaines des gardes, à une partie des archers, à toute sa vènerie. « Allez vers le roi, » disait-il à tous. Il remercia Étienne de Vesc, premier valet de chambre de son fils, du soin qu'il en avait toujours pris, le lui recommanda tendrement, et le chargea de lui porter l'assurance de sa paternelle affection.

Tout affaissé qu'il était, il y avait long-temps qu'il n'avait parlé avec autant de calme et de fermeté. Chacun s'en étonnait; et lui-même, après avoir fait ainsi ses dispositions dernières, reprit à l'espoir de vivre. C'était surtout la présence du Saint Homme qui le soutenait. De moment en moment, il lui envoyait

---

[1] Comines.
[2] Reg. du Parlement.

demander quelques nouvelles prières, et l'on voyait que déjà il pensait à faire revenir au Plessis tous ceux qu'il avait envoyés à Amboise.

Cependant maître Coittier ne conservait nulle espérance, et voyait la fin approcher. Sur son rapport, Jean de Rely, docteur en théologie et chanoine de Paris, pensa, ainsi que les autres ecclésiastiques, qu'il fallait avertir le roi, et ne le point laisser dans l'illusion.

Souvent en conversant avec quelques-uns de ses serviteurs, le sire de Comines entre autres, il les avait priés, lorsqu'ils le verraient en un tel état, de garder quelques ménagemens avec lui, de le traiter doucement, de ne pas proférer ce cruel mot de mort, et de le faire seulement souvenir de se confesser. Il était même convenu avec eux qu'on ne lui dirait rien autre chose que « parlez peu. » Cette simple parole devait lui servir d'avertissement suffisant.

Mais il avait écarté de lui tous ses anciens familiers, tous ses serviteurs nobles, et n'était plus environné que de gens de mœurs rudes et de langage grossier, qui ne savaient rien traiter avec les procédés des hommes nés ou nourris en bon lieu. Maître Olivier et Jacques Coittier décidèrent, avec les confesseurs, qu'il fallait lui apprendre la vérité, et il fut résolu entre eux d'aller lui dire sa sentence de mort. On se souvint qu'il l'avait ainsi fait signifier au connétable, à M. de Nemours et à tant d'autres [1] : à eux, comme à lui, il n'avait été laissé que le temps de se confesser.

« Sire, il faut nous acquitter d'un triste
» devoir, lui dirent-ils; n'ayez plus d'espérance
» dans le Saint Homme, ni dans nulle autre
» chose, c'est fait de vous assurément. Ainsi
» pensez à votre conscience, car il n'y a nul
» remède. » Ces cruelles paroles ne l'abattirent point : « J'ai espérance que Dieu m'aidera,
» répondit-il, car je ne suis peut-être pas si
» malade que vous pensez. »

Toutefois il commença à se préparer à la mort avec plus de sang-froid et de force qu'il n'en avait montré depuis plusieurs mois. Il se confessa, reçut ses sacremens, disant toutes les oraisons d'une voix faible, mais assurée. Ce

[1] Comines.

terrible moment, qui d'avance lui avait causé tant d'effroi, le trouva tranquille et courageux. « J'espère, disait-il, que Notre-Dame, ma bonne » patronne, qui a fait tant de bien à moi et au » royaume, m'accordera la grâce d'aller jus- » qu'au bout de la semaine. » En effet, sans qu'il y eût pourtant aucun moment d'espoir, il s'écoula cinq jours, durant lesquels on ne lui entendit pas pousser une seule plainte, ni montrer aucune faiblesse. Il raisonnait comme en parfaite santé, ne témoignant plus de répugnance à songer à son dernier moment.

Il parla même de ses funérailles, de l'ordre qui devait y être observé, de ceux qui devaient suivre le convoi. Il rappela ses volontés touchant sa sépulture et son tombeau; car, s'il n'avait pas souffert qu'on lui parlât jamais de la mort, c'était peut-être qu'il y songeait sans cesse, et peu de mois auparavant, il avait tout réglé pour son mausolée. C'était à Notre-Dame de Cléri qu'il voulait qu'on le plaçât. En face de l'autel de la Vierge devait être posée sa statue, en bronze doré, à genoux, la tête découverte, et les mains jointes dans son chapeau, comme il se tenait d'ordinaire. N'étant point mort en bataille et les armes à la main, il voulait être vêtu en chasseur, avec des brodequins, une trompe de chasse suspendue en écharpe, son chien couché près de lui, son ordre de Saint-Michel au cou, son épée à la ceinture. Quant à sa ressemblance, il demandait qu'on le représentât, non point tel qu'en ses dernières années, chauve, voûté, amaigri; mais comme dans sa jeunesse et dans la force de l'âge, le visage assez plein, le nez aquilin, et les cheveux longs tombant par derrière jusque sur ses épaules. Ainsi la chose avait été prescrite, dès le mois de janvier, à Conrad, orfévre de Bologne, et à Laurent Wren, fondeur flamand; le roi entendait qu'on se conformât de point en point à ce qu'il leur avait ordonné.

Mais c'était surtout du royaume et de son fils qu'il s'occupait; c'était là ce qui remplissait sa pensée:

« Il faut mander à M. d'Esquerdes, disait-
» il, de n'essayer aucune pratique sur Calais.
» Nous avions songé à chasser les Anglais de
» ce dernier coin qu'ils ont dans le royaume;
» mais ce sont trop grandes affaires, tout cela

» finit avec moi. Il faut que M. d'Esquerdes
» laisse de tels desseins, et vienne garder mon
» fils, sans bouger d'auprès de lui pendant
» plus de six mois. Qu'on termine aussi tous
» nos débats avec la Bretagne, et qu'on laisse
» vivre en paix ce duc François, sans plus
» lui donner trouble ni crainte. C'est ainsi
» qu'il en faut user maintenant avec tous nos
» voisins. Cinq ou six ans d'une bonne paix
» sont bien nécessaires au royaume. Le pauvre
» peuple a trop souffert, il est en grande dé-
» solation. Si Dieu m'eût voulu laisser la vie,
» j'y aurais mis bon ordre : c'était ma pensée
» et mon vouloir. Qu'on dise bien à mon fils
» de demeurer en paix, surtout tant qu'il est
» si jeune. Plus tard, lorsqu'il aura plus d'âge,
» et que le royaume sera en bon état, il en
» disposera selon son plaisir. »

Dès qu'il lui venait à l'idée quelque bon conseil, quelque recommandation à donner, il les disait à ceux qui étaient autour de son lit, en commandant qu'on ne manquât pas à les faire savoir au roi.

Ce fut de la sorte que, sans nulle souffrance apparente, il arriva jusqu'à sa dernière heure;

parlant presque sans cesse, en pleine raison et connaissance, et répétant des prières et des versets des psaumes. Enfin, le 30 août, vers le soir, entre sept et huit heures, il expira en disant : « Notre-Dame d'Embrun, ma bonne maîtresse, ayez pitié de moi. »

Tout aussitôt après sa mort, tous ceux qui étaient au Plessis coururent à Amboise, et il ne resta que ceux qui étaient absolument nécessaires à la garde du corps. Huit jours après, il fut porté en grande cérémonie à Notre-Dame de Cléri.

Ce fut une grande allégresse dans le royaume ; ce moment était impatiemment attendu comme une délivrance et comme la fin de tant de maux et de craintes. Depuis long-temps nul roi en France n'avait été si pesant à son peuple et n'en avait été tant haï. Toutefois le roi Louis XI fut, dès les premiers temps après sa mort, jugé fort diversement.

Les hommes qui, comme le sire de Comines, avaient été ses serviteurs, qui avaient vécu dans sa confidence, qui avaient été employés dans ses affaires, ne pouvaient se défendre d'un fonds d'attachement et d'admiration pour lui, lors même qu'il avait été envers eux inégal, injuste, méfiant et rude. Ils avaient vu de près tout son savoir-faire, cette connaissance des hommes et des affaires, cette prudence, cet esprit dont tous les autres princes étaient bien loin ; ils avaient entendu long-temps ce langage flatteur pour les uns, effrayant pour les autres, embarrassant pour tous, rempli d'indiscrétion et cependant de feinte, familier et inattendu, témoignant un génie qui comprend toutes choses et se croit permis de tout dire comme de tout faire. Si bien que le roi leur paraissait pour ainsi dire au-dessus de leur jugement. Sans doute ils croyaient voir de temps en temps des erreurs dans sa conduite; mais ils pensaient qu'il était plus habile qu'eux, et en savait davantage; d'autant que l'événement avait parfois réparé ses fautes, parce qu'il savait promptement se retourner et saisir toutes les occasions. De sorte qu'ils n'osaient jamais prononcer que le roi avait eu tort. Ils pensaient bien aussi qu'il avait commis des cruautés et consommé de noires trahisons ; toutefois ils se demandaient si elles n'avaient pas été nécessaires, et si l'on n'avait pas ourdi contre lui des trames criminelles, dont il avait eu à se défendre. Sa méfiance, surtout dans les derniers temps, paraissait sans doute horrible et presqu'insensée, mais ils s'étaient mis à l'en plaindre, comme d'un malheur ou d'une punition que le ciel lui avait envoyée pour l'expiation de ses péchés. Tellement, que toute cette terreur qu'il avait répandue autour de lui, ces gens accrochés à des potences ou jetés à la rivière, ces grands seigneurs dans des cages de fer, leur donnaient un sentiment de pitié, non pour les victimes, mais pour le roi, à qui tant de craintes mal fondées avaient fait faire, disaient-ils, son purgatoire en ce monde. Ils espéraient même que les tourmens de sa méfiance, son effroi de la mort, et même la brutalité de maître Coittier lui seraient comptés pour l'autre vie.

Dans tout le royaume, la foule de ses sujets qui n'avaient ni reçu ses bienfaits, ni vécu dans sa familiarité, ni connu l'habileté de ses desseins, ni goûté l'esprit de son langage, jugeait seulement par ce qui paraissait au dehors. Le royaume était ruiné, le peuple au dernier degré de la misère; les prisons étaient pleines; personne n'était assuré de sa vie ni de son bien;

les plus grands du royaume et les princes du sang n'étaient pas en sûreté dans leur maison.

Il y avait toutefois des gens qui disaient qu'on ne pouvait refuser au roi d'avoir fait le royaume plus puissant que jamais; de s'être rendu redoutable à toute la chrétienté; d'avoir formé des armées trois ou quatre fois plus nombreuses que par le passé; d'avoir ajouté à la couronne les deux Bourgognes, l'Artois, la Provence, l'Anjou, le duché de Bar et le Roussillon; et enfin d'avoir mis chacun, petits ou grands, au point de trembler devant le pouvoir du roi.

A cela on répondait que le roi Charles VII son père avait fait de bien plus grandes et plus nobles choses, en laissant après lui le royaume heureux et tranquille et une mémoire bénie de ses peuples. Les Anglais avaient été chassés de la Normandie et de la Guyenne, ce qui était bien plus difficile que de recueillir l'héritage du roi René ou de la duchesse Marie. Les armées avaient été puissantes sous le roi Louis; mais la guerre n'avait pas été glorieuse. Au contraire, le temps du roi Charles avait été tout chevaleresque. Les Français avaient eu pour lors des chefs vaillans et à jamais fameux; tandis que, depuis, avec tant de troupes et d'artillerie, on avait toujours craint de livrer des batailles; et les deux qui avaient été données à Montlhéri et à Guinegate avaient été plutôt perdues que gagnées. Ces nombreuses armées, dont on parlait tant, devaient plutôt être regardées comme une calamité que comme un bien pour le royaume. Elles n'y avaient point gardé le bon ordre et n'y avaient pas maintenu la police ainsi qu'autrefois, mais l'avaient pillé et ravagé comme un pays ennemi. Pour les solder, il avait fallu lever d'incroyables impôts. Quant à la soumission des seigneurs, elle n'avait jamais été si grande que durant les dix dernières années du roi Charles, et s'il avait fallu les dompter de nouveau par la guerre, la prison et les supplices, c'était parce qu'on les avait inquiétés, trahis et poussés à bout. Si on leur avait ôté tout pouvoir dans le royaume, le peuple n'avait rien gagné à voir élever en leur place des hommes nouveaux, qu'il avait fallu enrichir des dépouilles de l'état et des sueurs du peuple; et encore valait-il mieux avoir pour conseillers de la couronne le duc de Bourbon et le duc d'Orléans, que des misérables comme maître le Dain ou Jean Doyat. Tel était le langage que tenaient les hommes sensés du Parlement ou de l'église. De plus ils avaient à parler, les uns de la continuelle violation des formes de justice, les autres des rigueurs exercées contre les évêques.

Le Parlement et la Chambre des comptes ne voulurent point ratifier tant d'aliénations du domaine, tant de dons faits aux églises, et les étranges libéralités prodiguées à maître Coittier. La haine publique s'éleva contre maître Olivier et il fut pendu; Jean de Doyat fut condamné à avoir une oreille coupée à Paris et l'autre à Montferrand. Enfin de toutes parts la malédiction s'éleva contre les indignités qui avaient signalé les derniers temps de la vie du roi.

A tant de justes reproches le vulgaire ajoutait une foule de récits populaires qui lui rendaient plus odieuse encore la mémoire du feu roi. On en disait sur les cruautés de Tristan l'Hermite encore bien plus qu'il n'y en avait. Cette sombre retraite où le roi avait passé la fin de sa vie au Plessis, ce qu'on racontait de sa méfiance, ce qui se disait de son effroi de la mort, donnaient lieu à toutes sortes d'histoires fabuleuses et terribles. On alla jusqu'à dire que, pour ranimer ses forces épuisées, il se baignait chaque jour dans le sang de petits enfans qu'on faisait égorger.

Mais si l'on s'exprimait ainsi sur le roi dans le royaume, en Flandre il y avait une bien autre aversion pour sa mémoire. Là, il n'y avait point de crime qu'on ne lui attribuât; on allait même jusqu'à lui refuser toute prudence et toute habileté dans la conduite des affaires. On le peignait comme un prince d'un génie inquiet et variable, sans but ni desseins fixes, agissant sans cesse par fantaisie; humble dans la mauvaise fortune, timide dans la prospérité; épuisant son royaume pour préparer une guerre, et n'osant pas la commencer; disposant toutes ses armées pour combattre, et tremblant devant la pensée d'une bataille. On lui refusait cette vaillance de sa personne qui était pourtant bien connue. On le montrait incapable d'amitié, inconstant dans sa confiance, s'ennuyant de ses anciens serviteurs, et les changeant par pure fantaisie. Son langage vif et familier, on l'appelait un ignoble bavardage, et on le raillait d'avoir manqué de l'éloquence grave qui eût été séante à un roi. Sa familiarité et ses façons simples et bourgeoises étaient présentées comme indignes de la majesté et méprisables aux yeux des peuples. De sorte qu'à en croire les chroniqueurs flamands de ce temps-là, jamais la France n'aurait eu un plus méchant et un moindre roi.

Lorsqu'on reprochait à ces anciens serviteurs de la maison de Bourgogne leur partialité, ils disaient pour se justifier que leur jugement était à peine aussi sévère que celui des Etats-Généraux du royaume, convoqués bientôt après la mort du roi Louis XI. Il est certain que d'un commun accord on y accusa durement son règne, qu'on en montra les calamités, les injustices, les désordres, les cruautés. Et dans une telle assemblée on ne pourrait pas dire que ce fut un cri populaire poussé par des gens grossiers et passionnés. D'abord se présentèrent les requêtes de ceux qui avaient été victimes des cruautés du roi. On porta devant les États la plainte de Charles d'Armagnac, retenu depuis douze ans à la Bastille, où il avait souffert mille maux qu'il racontait, ainsi que les crimes qui avaient fait périr son frère et toute sa famille. Puis les enfans du duc de Nemours exposèrent la misère où ils avaient vécu depuis l'inique condamnation de leur père. Ce n'était pas seulement ceux qui avaient souffert, dont les discours s'élevaient contre le roi. Jean de Rely, chanoine de Paris, qui l'avait assisté sur son lit de mort; Philippe Pot, seigneur de la Roche, chevalier de l'ordre, et un de ses principaux serviteurs, s'exprimèrent avec une force toute pleine de sagesse et de gravité, et cependant leurs discours furent presqu'en tout conformes à la voix du peuple. Ce fut au gouvernement du roi défunt, qu'en présence de son fils, et sous la régence de sa fille, furent attribués tous les maux du royaume, sans que personne prît la parole pour dire qu'il se fût fait sous ce règne quelque chose de beau, de bon ou de grand.

Cette sentence sévère, mais équitable, fut pendant beaucoup de générations répétée par tous les hommes graves qui écrivirent sur l'histoire de France et sur la politique des divers rois. Elle fut aussi perpétuée par une sorte de tradition populaire.

Plus tard on a vu s'effacer les souvenirs et s'affaiblir la justice. Répétant le mot d'un roi [1], qui fit à la France plus de mal que Louis XI, beaucoup l'ont vanté pour avoir mis les rois hors de page. Une telle louange est toute simple en la bouche d'un prince, qui veut avant tout agir selon ses volontés, et qui se trouve enchaîné et humilié, quand il lui faut respecter les lois du royaume. Mais on s'étonnerait volontiers d'entendre un sujet s'applaudir de ce que son maître n'a plus aucun frein ni aucune règle, si l'on ne songeait pas que toujours en France il y a eu bon nombre de gens qui ont attendu leur fortune et leur agrandissement de la puissance royale, et qui la voulaient d'autant plus forte, qu'elle pourrait prélever pour eux une plus large part sur le bien public. En même temps, dans des vues moins intéressées, beaucoup d'autres, émus des barbares souvenirs du régime des fiefs, sans cesse prévenus contre le pouvoir

[1] François Ier.

des seigneurs, trouvaient bon et heureux tout ce qui pouvait soumettre ceux-ci au joug commun. Le peuple fut long-temps à désirer les libertés qu'il pouvait conserver ou gagner, moins que l'oppression de ceux dont il se sentait opprimé. Le sentiment qui avait inspiré une molle et imprudente confiance pour le gouvernement paternel de Charles VII, qui ensuite avait facilité les exactions et les iniquités de son fils, contribua donc à affaiblir le jugement porté, en triste connaissance de cause, par ceux qui avaient vécu dans ces temps malheureux.

Puis sont venus d'autres gens [1], qui ont professé que lorsqu'un sujet avait la hardiesse de penser, de dire et d'écrire qu'un roi avait pu encourir de graves reproches, « c'était une outre- » cuidance et une intempérance de plume qui » appelait le châtiment. » Ils ont trouvé que pour blâmer Louis XI, il fallait avoir « l'esprit » dénaturé et l'humeur bien sauvage. » Sans tomber dans de telles bassesses, beaucoup d'au-

---

[1] Le père Garasse, jésuite, contre Étienne Pasquier, qui avait parlé de Louis XI.

tres, nourris dans la profonde humilité où la majesté vivante des rois maintenait le vulgaire, n'ont plus trouvé en eux-mêmes la force et la franchise nécessaires pour flétrir avec une justice suffisante la mémoire d'une majesté au tombeau.

Enfin, il y a eu plus tard des écrivains qui avec une sorte d'insouciance, voyant les temps passés comme un spectacle de désordre, d'ignorance et de barbarie, ont excusé, en quelque façon, Louis XI aux dépens de l'époque où il vivait. Lui trouvant un esprit plus dégagé, une vue plus avisée, un langage plus railleur qu'à tout ce qui l'entourait, ils ont parlé de lui avec complaisance. L'habileté les a séduits, leur a fait oublier non seulement la justice, mais la raison. Car cette habileté de Louis XI, quels en furent les effets pour le bonheur et même pour la grandeur du royaume? en quel état le laissa-t-il? Peut-on, après avoir écrit une telle histoire, la conclure en disant : « Tout mis en balance, ce fut un roi [1]? »

Louis XI lui-même répondrait que c'est

---

[1] Duclos.

faire une grande injure au nom de roi. Voici ce que, sous ses yeux, il fit écrire dans les avis qu'il destinait à son fils. « Quand les rois n'ont pas égard à la loi, ils ôtent au peuple ce qu'ils doivent lui laisser, et ne lui donnent pas ce qu'il doit avoir ; ce faisant, ils rendent leur peuple serf et perdent le nom de roi ; car nul ne doit être appelé roi, hors celui qui règne sur des francs. Les francs aiment naturellement leur seigneur : les serfs naturellement le haïssent [1]. »

[1] Rosier des guerres.

FIN DU DOUZIÈME VOLUME.

www.ingramcontent.com/pod-product-compliance
Lightning Source LLC
Chambersburg PA
CBHW050545170426
43201CB00011B/1572